Thomas Kaspar & Stephan Hebel (Hg.)

Heile Welt
32 Ideen für ein Leben nach Corona

Alle Rechte vorbehalten • Societäts-Verlag
© 2021 Frankfurter Societäts-Medien GmbH
Satz: Bruno Dorn, Societäts-Verlag
Umschlaggestaltung: Julia Desch, Societäts-Verlag,
unter Verwendung einer Grafik von danjazzia/shutterstock
Druck und Verarbeitung: CPI books GmbH, Leck
Printed in EU 2021

ISBN 978-3-95542-404-6

Besuchen Sie uns im Internet unter: www.societaets-verlag.de

Thomas Kaspar &
Stephan Hebel (Hg.)

HEILE WELT

32 Ideen für ein Leben nach Corona

Inhaltsverzeichnis

Das Wir macht die Welt

In der Pandemie zeigt sich: Unser Verständnis kollektiver Bedürfnisse wird
sich wandeln müssen – hin zu einer gerechten, weniger zerstörerischen
Globalisierung.

Von Paul Mason

Im Zeitalter der Globalisierung ist die Corona-Krise das erste Ereignis, das auch wirklich globale Auswirkungen hat. Vom Künstler in New York, dem Journalisten in Berlin, dem Schauspieler in Athen bis zum Fotografen in Gaza – die Emotionen meiner Freunde flimmern in Echtzeit über den Bildschirm meines Smartphones, jede davon einzigartig – aber alle beschäftigen sich mit dem gleichen Problem. In Kenia ist mein Freund – ein Bootsmann – in Lamu ebenso eingesperrt wie ich in London; seine Moschee ist ebenso geschlossen wie meine Nachbarschaftskirche. Auf die Frage „Wie geht es Dir?" antwortet er per WhatsApp mit einem einzigen Emoji: einem Anker.

Bald wird die erste Welle der Pandemie abklingen. Aber die wirtschaftlichen und geopolitischen Auswirkungen werden wahrscheinlich extrem tiefgreifend sein. Denn wie uns das kleine Einmaleins des Marxismus lehrt, ist die Quelle aller Werte die menschliche Arbeit. Die Grundlagen des Kapitalismus beruhen auf unserem gewohnheitsmäßigen Zwang zur Arbeit: Wir schleppen uns aus dem Bett, quetschen uns in eine U-Bahn, stellen uns an einer überfüllten Kaffeebar an und lassen unsere physische Anwesenheit an einem Arbeitsplatz registrieren, bis unsere Stunden oder Aufgaben abgearbeitet sind.

Das Coronavirus zwingt uns nun, nicht zu arbeiten. Schlimmer noch. In einem Wirtschaftsmodell, das offensichtlich und umfassend auf Konsum ausgerichtet ist, waren oder sind wir gezwungen, uns von

Kneipen, Theatern, Stränden, Fitnessstudios, Fußballstadien, Spielhallen, Wettbüros und – bis auf wenige Ausnahmen – auch von Geschäften fernzuhalten. In der Folge befinden wir uns mitten in dem größten gleichzeitigen Zusammenbruch von Angebot und Nachfrage seit der Depression von 1920/21.

Die Regierungen der meisten fortgeschrittenen Volkswirtschaften haben die Lehren aus dem Jahr 2008 gezogen und sofort einen riesigen fiskalischen Impuls ausgelöst. Ihre Zentralbanken haben Staatsanleihen im Wert von Hunderten von Milliarden Dollar gekauft. Doch trotz der Entschlossenheit ihres Handelns schwinden die anfänglichen Hoffnungen auf eine „V-förmige" Erholung, also darauf, dass nach der Wachstumsdelle die Erholung auf das alte Niveau folgt. Und das liegt daran, dass unser Wirtschaftsmodell – trotz seiner strahlend schönen Komplexität und technologischen Euphorie – bereits vorher krank war.

Schon 2016 warnte Mark Carney, der damalige Gouverneur der Bank of England: „Die Weltwirtschaft riskiert, in einem Gleichgewicht von niedrigem Wachstum, niedriger Inflation und niedrigen Zinsen gefangen zu werden." Die in den Jahren von 2008 bis 2011 begonnene Rettungspolitik könne nur dann eine „Brücke" zu einem neuen Wirtschaftsmodell schlagen, wenn die Politiker bereit seien, dieses Modell auch wirklich zu entwickeln. Andernfalls würde das Jahrzehnt nach der Finanzkrise lediglich zu einem einzelnen „Pfeiler" dieser Brücke werden – und nirgendwohin führen.

Wir können jetzt mit bedrückender Klarheit sehen, wohin diese nie vollendete Brücke führt. Seit der Finanzkrise ist die Gesamtverschuldung von Haushalten, Unternehmen und Staaten um 87 Billionen Dollar gestiegen – und ist mit 255 Billionen Dollar nun mehr als dreimal so hoch wie das globale Bruttoinlandsprodukt. Im gleichen Zeitraum haben die Zentralbanken zwölf Billionen Dollar an ultrabilligem Geld erschaffen. Parallel wuchs das Vermögen im sogenannten Schattenbankensektor, in dem Kreditgeber offshore, undurchsichtig und nur locker reguliert Wetten mit hohen Einsätzen auf Kreditinstrumente platzieren, auf 52 Billionen Dollar – 75 Prozent mehr als vor dem Zusammenbruch von Lehman Brothers. Angesichts der ökonomischen Nahtoderfahrung der Finanzkrise von 2008 haben wir ein ganzes Jahrzehnt lang dafür gesorgt, dass Unternehmen, Staaten und

Haushalte von Schulden lebten. Heute sind wir mit einem zweiten Stillstand konfrontiert – und die einzigen Gegenmittel, die wir inzwischen entwickelt haben, sind immer noch dieselben wie damals.

John Maynard Keynes beschrieb Geld einmal als „ein subtiles Mittel, um die Gegenwart mit der Zukunft zu verbinden". Was wir in der Gegenwart mit Geld täten, meinte er, spiegele unsere Erwartungen an die künftige Entwicklung der Realwirtschaft wider. Wenn sich nach dieser Logik heute hinter einer globalen Schuldenquote von 322 Prozent des Bruttoinlandsprodukts etwas Rationales verbergen soll, dann muss es die Erwartung sein, dass die Zukunft profitabler sein wird als die Vergangenheit. Denn noch nie in der Geschichte des Kapitalismus haben Gesellschaften in Friedenszeiten Schulden in dieser Größenordnung angehäuft.

Das Coronavirus stellt uns – lauter, aggressiver und unübersehbar – die gleiche Frage, die uns die Lehman-Krise und die Dotcom-Blase davor gestellt haben: Was ist die künftige Quelle des Reichtums, aus der wir die Schulden zurückzahlen wollen? Was ist die Quelle für eine wirtschaftliche Dynamik, die es den Zentralbanken eines Tages erlauben wird, ihre Ankaufprogramme rückgängig zu machen und ein Viertel aller Staatsschulden an Investoren des privaten Sektors zurückzuverkaufen? Diejenigen, die es wagen, der Realität unerschrocken ins Gesicht zu schauen, kennen die Antwort bereits: Es wird weder genug Wachstum noch genug Wohlstand noch genug Dynamik geben, um diese Schulden schrumpfen zu lassen oder sie auch nur zu stabilisieren. Die sogenannten „exponenziellen Technologien" – künstliche Intelligenz, Robotik, genetische Medizin und Quantencomputing – werden weiter wachsen. Aber sie werfen die gleichen Probleme auf wie die Netzwerkeffekte durch Automatisierung und Digitalisierung, die wir jetzt schon spüren. Sie werden menschliche Arbeitskraft schneller ersetzen als neue, höher qualifizierte Arbeitsplätze geschaffen werden können. Sie werden die Reproduktionskosten vieler Produkte – auch physischer Waren – so schnell senken, dass die traditionellen Gewinnspannen einfach verdampfen. Die Marktwirtschaft kann diese neuen Möglichkeiten nur erschließen, wenn es gewaltige Monopole gibt mit der Macht, einen Preis für etwas festzulegen, das kostenloses Gemeingut sein sollte.

In seinen Memoiren hat der ehemalige Chef der US-Notenbank Fed, Alan Greenspan, die Vermutung geäußert, auf der die Politik der letzten zwei Jahrzehnte basiert: dass es in dieser Informationswirtschaft einen „versteckten Wert" gibt, der die von Realvermögen und Einnahmen abgekoppelten Börsenbewertungen und die Entkopplung der Geldpolitik vom Wachstum der Realwirtschaft rechtfertigt. Dies ist der zentrale Wahn des Neoliberalismus. Ich habe mein Buch „Postkapitalismus" 2015 mit dem Ziel geschrieben, zu zeigen, dass die Krise des marktwirtschaftlichen Modells nicht einfach durch die finanzielle Deregulierung ausgelöst wurde, sondern in der Unfähigkeit des Kapitalismus wurzelt, sich an die Dynamik der Informationstechnologie anzupassen. Und in seinen Wahnvorstellungen über diese Technologie.

AUS WELCHEN NEUEN QUELLEN WOLLEN WIR UNSERE ALTEN SCHULDEN BEZAHLEN?

Die Krise von 2008 war ein Signal, dass unsere hochkomplexe globale Wirtschaft weder selbstkorrigierend noch widerstandsfähig ist. Der wirtschaftliche Schock, den wir bald erleben werden, sollte ein noch stärkeres Signal sein. Komplexität ist nicht gleich Sicherheit. Die Globalisierung bringt keine Widerstandsfähigkeit. Öffentliche Dienstleistungen am Rande des Scheiterns zu betreiben, stellt keine Effizienz dar. Von Notfallmaßnahmen zu leben, ist keine Form des Gleichgewichts.

Wenn wir darauf reagieren, werden wir uns logischerweise auf eine nationalzentrierte Politikgestaltung zurückziehen. Es ist kein „wirtschaftlicher Nationalismus", wenn wir wollen, dass Großbritannien eine Impfstofffabrik mehr hat als seine derzeitige Gesamtzahl – die ist nämlich null. Es ist nichts Fremdenfeindliches daran, wenn wir eine sichere lokale Lieferkette für Operationsmasken und -kittel wollen, die – während ich dies schreibe – im englischen Gesundheitswesen nahezu aufgebraucht sind. Es ist rational nachvollziehbar, dass sich die Bevölkerungen an ihre nationalen Regierungen wenden und nicht an multilaterale Gremien. Zumal in einer Zeit, in der die USA ihre globale Führungsrolle aufgegeben haben, in der China seine Produktionskapazitäten für geopolitische Vorteile einsetzt und in der sich die zahlungskräftigen Länder der Eurozone nicht mit den verschuldeten Ländern solidarisieren.

Die nationalzentrierte Politik, von der wir zu Recht befürchtet haben, dass sie das globale System auseinanderreißen könnte, wird allein durch die Logik der Situation mit Corona neuen Auftrieb erhalten, lange bevor Salvini, Orbán, Farage und Gauland damit beginnen, sie auszunutzen. Um das zu retten, was wir aus einer offenen, finanziell komplexen Welt retten können, wird mehr Führung erforderlich sein, als sie derzeit irgendein Politiker vorweist. So wie die Entscheidungsträger des gesamten politischen Spektrums nach 1933 keynesianische fiskal- und geldpolitische Stimulierungsmaßnahmen beschlossen haben, müssen sie heute noch weiter gehen: Teilweiser Staatsbesitz von Großunternehmen muss möglicherweise zur Normalität werden. Direkte Zahlungen des Staates an Einzelpersonen können für mehrere Jahre erforderlich sein. Und die Fiktion der Unabhängigkeit der Zentralbank muss ein Ende haben. Die Schuldenquote der G7-Staaten wird weit über ihre gegenwärtigen 113 Prozent des Bruttoinlandsprodukts hinausgehen. Und ja, die Eurozone wird ihre Schulden auf Gegenseitigkeit zurückführen müssen.

UM DAS VIRUS ZU BESIEGEN, MÜSSEN WIR EIN GLOBALES GESPRÄCH FÜHREN

Wenn wir das Virus besiegen wollen, das uns in mehreren Wellen treffen könnte, müssen wir ein ehrliches globales Gespräch führen. Zoonoseviren vermehren sich aufgrund unseres Entwicklungsmodells, das Regenwälder dem Erdboden gleichmacht, eine Milliarde Menschen in Slums drängt, den Luftverkehr subventioniert, die Wahrheit unterdrückende Autoritäten feiert und Fettleibigkeit, Herz- und Lungenkrankheiten in der entwickelten Welt hervorruft. Dies ist also kein „exogener" Schock, ebenso wenig wie die demografische Alterung und der Klimawandel. Sie alle sind das Produkt eines Wirtschaftsmodells, das die Menschheit in Konflikt mit der Natur gebracht und dabei sogar unsere eigene Natur zerstört hat.

Das Coronavirus hat nur ein Ziel, nämlich durch das Kolonisieren und Töten von Menschen zu überleben. Das ist, wie Marx es ausdrücken könnte, sein „Gattungswesen". Sein Erfolg – ein Spiegelbild der Justinianischen Pest und der Beulenpest – beruht auf der Tatsache, dass die menschliche Gesellschaft Komplexität ohne Widerstandsfähigkeit geschaffen hat.

Als radikaler Humanist glaube ich, dass unsere Spezies auch ein Ziel hat: uns selbst zu befreien, indem wir unsere Sprache, unsere Fähigkeit zur Zusammenarbeit und unsere Vorstellungskraft nutzen, die das Produkt unseres Erbguts sind. Aber wir können dieses Ziel nicht mehr im Konflikt mit der Natur verfolgen. Wir werden aus dieser Krise mit einer stark staatlich geprägten Wirtschaft hervorgehen. Mit einem neuen Verständnis kollektiver statt individueller Bedürfnisse. Und hoffentlich frei von der Hybris, die 40 Jahre unkontrollierte Globalisierung, Umweltschäden und wachsende Ungleichheit vorangetrieben hat. Wir werden vielleicht nicht in der Lage sein, die liberale Gesellschaft, Offenheit und Rechtsstaatlichkeit überall auf der Welt zu retten. Aber der eine Ort, an dem wir diese Errungenschaften angesichts unserer schrecklichen Vergangenheit bewahren müssen, heißt Europa.

Übersetzung: Thomas Kaspar

„Der Solitär wird zum Solidär"

Wird die deutsche Gesellschaft gestärkt aus der Corona-Krise hervorgehen? Der Zukunftsforscher Horst Opaschowski, der schon Willy Brandt, Helmut Kohl und Angela Merkel beraten hat, ist davon überzeugt. Der 79-Jährige glaubt, dass die Zeit der Alphatiere nun endgültig zu Ende geht und sich das Bild einer Selbsthilfegesellschaft abzeichnet. Der 79-Jährige prognostiziert, dass sich die Bürger stärker politisch engagieren werden. Im FR-Interview spricht er über ein Wirgefühl, Übungen in der Familie und den Fortgang der Klimabewegung.

Interview: Thoralf Cleven

Herr Opaschowski, Sie gehören als 79-Jähriger zur Risikogruppe. Wie gehen Sie mit der Pandemie um?
Ich befinde mich in Quarantäne zu Hause. Nicht nur, weil ich es will. Auch meine Kinder legen darauf Wert. In Zeiten von Internet und Videotelefonie ist familiäre Nähe ohne persönlichen Kontakt möglich – auch wenn das nicht so schön ist.

Sie sind von Haus aus Historiker, arbeiten aber mittlerweile als Zukunftsforscher. Erleben wir mit der Corona-Pandemie jetzt eine Zeitenwende oder ist es nur ein Themenwechsel?
Das lässt sich noch nicht zuverlässig einschätzen. In Krisenzeiten denkt jeder zunächst einmal an sich selbst. Gleichzeitig macht es erwiesenermaßen glücklich, für andere da, also solidarisch zu sein. Der Solitär wird gewissermaßen zum „Solidär" – und damit kommen zwei Verhaltensweisen zusammen, die Kraft für Veränderungen in sich tragen.

Sie meinen das berühmte Wirgefühl.
Nicht ganz. So würde es vielleicht ein Bundespräsident ausdrücken. Ich spreche von einem starken Ich in einem starken Wir. Das Ich im Wir ist das Besondere – es spricht für starkes Selbstvertrauen, das man aber erst im Wir verwirklicht. Die Zeiten der Alphatiere werden nach dieser Krise endgültig vorbei sein.

Dann bricht die Zeit der Samariter an?
Nein. Wir werden jetzt nicht alle zu Mutter Theresa oder Albert Schweitzer. Es entwickelt sich eine Geben-und-nehmen-Gesellschaft. Motto: Ich helfe dir jetzt, beim nächsten Mal hilfst du mir aber. Es geht um kalkulierte Hilfsbereitschaft – ohne die wäre Solidarität übrigens nicht möglich.

Fangen wir mal mit der Familie an. Sie ist ja nun für viele plötzlich der Lebensmittelpunkt ...
Ja, gezwungenermaßen. Das enge und lange Zusammenleben muss in vielen Familien jetzt erst wieder geübt werden. Einfach ist das nicht: das Miteinanderreden, das Erzählen zwischen Mann und Frau, Eltern und Kindern, die Wohnung als Nest der Geborgenheit und Sicherheit wahrzunehmen. Das widerspricht den zurückliegenden Zeiten, in denen viel Zeit für Arbeitswege und Job aufgebracht wurde und Wohnungen eher als Boxenstopp dienten. Das wäre ja nicht das Schlechteste, oder?

Sehen Sie Parallelen zu anderen Situationen in den vergangenen Jahren?
Ich muss in diesen Tagen häufig an die Flut an Elbe und Oder denken. Da war die junge Generation plötzlich da, schleppte Sandsäcke, packte an. Das hat diese Menschen für immer verändert. So wird es auch diesmal sein.

Wagen Sie eine Prognose?
Für die nahe Zukunft zeichnet sich ein Bild der Selbsthilfegesellschaft ab. Die hat es in der Zeit nach 1968 im Westen schon einmal gegeben: Es gab Proteste gegen staatliche Vereinnahmung, es bildeten sich Wohngruppen, selbstorganisierte Jugendzentren entstanden. Das ist jetzt et-

was anders: Jetzt bildet sich eine Selbsthilfegesellschaft aus der Einsicht, aufeinander angewiesen zu sein. Dahinter steht eine Bedrohung.

Die Regierung sagt: Wir sitzen jetzt alle in einem Boot. Ist das nicht beruhigend?
In einem Boot? Ja, das gilt für Notzeiten. Die Politiker müssen aber für die Zeit danach wissen, dass die Bürger, die jetzt zur Selbsthilfe aufgerufen werden, anschließend das Steuer dieses Bootes nicht so schnell mehr aus der Hand geben.

Mehr politisches Engagement des Bürgers ist doch eine gute Botschaft.
Das finde ich auch. Eine größere Mitmach-, Zusammenhalts- oder Mitbestimmungsgesellschaft wäre ein Gewinn aus dieser Krise. Die Politik kann dann nicht mehr machen, was sie will.

Welche Werte werden die größte Rolle spielen?
Die spontane Hilfsbereitschaft, die Übernahme sozialer Verantwortung und vielleicht kehrt endlich wieder mehr menschliche Wärme ein.

Sind das alles nicht eher Träume als realistische Prognosen? Viele schauen doch gerade zum Staat und warten ab, was er in der Krise tut.
Richtig ist, dass es bis heute eine gewisse Versorgungsmentalität der Bürger gegenüber dem Staat gibt. Das lässt sich jedoch nicht mehr durchhalten. Durch Umfragen, die auch mein Institut durchführt, wissen wir, dass die Bürger zunehmend den Eindruck haben, Politiker sind Getriebene. Das ist gerade gut zu beobachten: Wenn das Robert-Koch-Institut etwas sagt, reagiert die Politik sofort. Das gilt im Übrigen ebenso für die Wirtschaft. Sie muss und wird sich gemeinwohlorientierter aufstellen. Es wird künftig nicht weniger konsumiert, dafür aber anders. Bewusster vielleicht.

Was wird aus den sogenannten systemrelevanten Berufen, die häufig schlechter bezahlt sind als andere Jobs – und größtenteils von Frauen ausgeübt werden?
Nach dem Krieg war die Wiederaufbauarbeit weiblich. Notgedrungen. Das ist heute anders, doch jeder spürt plötzlich ziemlich nah, wie un-

gerecht es zugeht bei der Bezahlung der Berufe, die unsere Strukturen unter hohem persönlichem Einsatz aufrechterhalten. Spätestens nach Ende dieser Krise werden diese Berufsgruppen – also Pflege- und Laborkräfte, Polizisten und Feuerwehrleute oder Verkäuferinnen – auf Veränderungen zu ihren Gunsten pochen. Zu Recht!

Setzt sich in Zukunft nun auch die Arbeit im Homeoffice durch?
Diese Möglichkeit für Arbeitnehmer ist ja bislang eher deklariert als realisiert worden – auch aus Misstrauen den Arbeitnehmern gegenüber. Das ändert sich grundlegend mit dieser Krise. Arbeitgeber werden feststellen, dass es genauso effektiv oder sogar noch effektiver ist, wenn Beschäftigte diese Möglichkeit wahrnehmen können.

Sie klingen ein bisschen, als glaubten Sie an einen neuen Menschen. Ist das so?
Nein, daran glaube ich nicht. Aber die Fähigkeiten der Menschen werden erweitert und es steigt die Bereitschaft, an einer verbesserten Gesellschaft mitzuarbeiten – um dies nicht, wie bislang, Politikern oder Managern zu überlassen.

Und was wird aus dem Megathema des vergangenen Jahres, dem Klimawandel?
Das löst sich ja nicht wegen dieser Pandemie auf. Ich glaube, dass nun viele im Zuge der Corona-Krise merken, wozu wir fähig sind, wenn wir als Gemeinschaft mit Herz handeln. Die Pandemie werden wir auch emotional bekämpfen. Die Fridays-for-Future-Bewegung begegnet der Gleichgültigkeit gegenüber dem Klimawandel ebenso emotional – und ist damit sehr erfolgreich. Wenn die Corona-Krise bewältigt ist, wird die Schülergeneration das Umweltthema umso stärker vorantreiben.

Als eine Art 68er-Bewegung?
Diese Generation wächst nun unter veränderten Bedingungen auf. Sie weiß: Überall hinzufliegen ist nicht selbstverständlich. Sie weiß auch: Nicht alles ist käuflich. Es entsteht so ein Wertewandel gegenüber den vorhergehenden Generationen, der sehr tiefgreifend ist.

Ist das die „Generation Corona"?
Zu viel Ehre für dieses schlimme Virus. Ich würde diese jungen Leute als „Generation Krise" bezeichnen. Krise wird zur Alltagserfahrung.
Und wenn Sie Jugendliche heute fragen, sagen die: Wir kennen gar
nichts anderes mehr als Krise.

Die Rückkehr
des Gemeinwohls

In der Krise stellen viele die Systemfrage: Wollen wir weiter im Hyper-Individualismus leben – oder altertümliche Ideen wie Gemeinsinn rehabilitieren?

Von Philipp Hübl

Wir sind nicht systemrelevant! Das denken gerade einige Unternehmensberater und Startup-Gründer in Berlin, wie mir ein Freund erzählt hat, der die Szene kennt. Ihre Kinder müssen zuhause bleiben, weil die Kitas nur noch den Nachwuchs jener Menschen aufnehmen, die in systemrelevanten Berufen arbeiten: Krankenpfleger, Ärztinnen, Busfahrer, Journalisten und Polizistinnen. In unseren Nachbarländern ist die Lage ähnlich.

Diese Berufe sehen wir plötzlich mit anderen Augen. Nicht zuletzt daran zeigt sich, dass die Corona-Pandemie gerade in einem Großteil der Gesellschaft einen Wertewandel beschleunigt, der bisher vor allem bei der jüngeren Generation und den urbanen Progressiven zu beobachten war. Viele stellen jetzt die Systemfrage: Wie wollen wir in Zukunft leben? Weiter im Hyper-Individualismus, der die Freiheit jedes einzelnen in den Vordergrund stellt? Oder wollen wir, auch international, mehr Solidarität wagen, einen rationalen, globalen Kollektivismus entwickeln und altertümlich klingende Ideen wie „Gemeinwohl" und „Gemeinsinn" rehabilitieren?

Für den zweiten Weg haben sich gerade viele entscheiden. Sie akzeptieren, dass das Kontaktverbot und die selbstgebastelten Gesichtsmasken ihre individuelle Freiheit zum Wohle der Allgemeinheit einschränken. Auch eine Aufwertung der systemrelevanten Berufe ist zu beobachten. Die Krise reduziert das Leben auf seine Essenz und führt uns damit vor Augen, dass wir als Gesellschaft, ohne es richtig zu merken, lange Zeit falsche Prioritäten gesetzt haben. Wir haben die Menschen in der Kreativ-, Tech- und Medien-Szene belohnt, also die Einzelkämpfer, die Lauten, die Entertainer: mit Geld und vor allem mit sozialer Anerkennung, der kostbarsten Währung unserer Zeit. Viel zu wenig haben wir dagegen Berufen der kritischen Infrastruktur unsere Wertschätzung entgegengebracht: der Medizin, der Arbeit in der Pflege und der Familie, den Berufen der Versorgung mit Wasser, Energie, Lebensmitteln und Paketen, dem öffentlichen Dienst, selbst der Wissenschaft, die still und unglamourös in den Laboren und Forschungszentren wirkt.

Die junge Generation der unter 35-Jährigen ist für Fragen des Gemeinwohls und globaler Solidarität besonders sensibilisiert. Das zeigt sich in Bewegungen zum Klimaschutz wie Fridays for Future ebenso wie in einer positiven Einstellung zum Mietendeckel oder zum bedingungslosen Grundeinkommen. Das zeigt sich auch im Impuls, alles Böse in der Welt „dem Kapitalismus" oder „dem Neoliberalismus" anzulasten. Der Staat soll nach Ansicht der jungen Progressiven für mehr kollektive Gerechtigkeit sorgen. Je mehr er eingreift, desto besser. Das geht so weit, dass inzwischen die Hälfte der US-Amerikaner zwischen 18 und 29 den Sozialismus positiv sieht, ein Phänomen, das die britische Zeitung Economist „Millenial Socialism" getauft hat. Die Helden dieses jungen und überdurchschnittlich gebildeten Milieus sind Alexandria Ocasio-Cortez und Bernie Sanders.

Bei genauerer Betrachtung geht es den Jungen aber gar nicht um die Abschaffung des Kapitalismus. Die wenigsten gründen ihre Haltung auf eine ökonomische Theorie. Selbst wenn die Millenial-Sozialisten von „Enteignung" sprechen, wollen sie nicht grundsätzlich das Privateigentum verstaatlichen. Ihnen geht es um etwas Größeres, aber auch Diffuseres: Sie hadern mit den Ungerechtigkeiten der globalen Wirtschaftsordnung. Sie sind – das zeigen Studien – angetrieben von einem starken Mitgefühl für die Unterdrückten und Diskriminierten, für Tiere und die Natur.

Corona zwingt uns gerade alle, in diesen globalen Dimensionen zu denken, denn das Virus kennt keine Staatsgrenzen. Der Individualismus des Westens wird durch eine winzige Proteinstruktur von 125 Nanometern herausgefordert, die nur durch mehr Kollektivismus bekämpft werden kann. Das Virus zwingt uns, unseren progressiven Freiheitsbegriff zu überdenken, bei dem es immer mehr um Selbstverwirklichung und Singularisierung ging, um ein Leben, das immer ausgefallener und hedonistischer wurde.

Freiheit war ein Leitbegriff nach dem Fall der Mauer und dem Ende des Kalten Krieges. Und tatsächlich hat die Welt in den letzten 30 Jahren eine beispiellose Demokratisierungswelle erlebt. Auch im Westen haben wir individuelle Freiheitsrechte dazugewonnen, beispielsweise durch die Legalisierung der Ehe für Homosexuelle und durch Gleichbehandlungs- und Antidiskriminierungsgesetze in vielen Ländern. In der Wirtschaft wurde Freiheit allerdings auf dem „dritten Weg" von Clinton, Schröder und Blair primär als Privatisierung von damals öffentlich angebotenen Gütern uminterpretiert: Energieversorgung, Mobilfunk, Paketdienste, Bahn, Krankenhäuser, Schulen und Universitäten. In Deutschland kam mit der Agenda 2010 die Liberalisierung des Arbeitsmarktes hinzu.

All diese Maßnahmen haben zwar sicherlich Vorteile mit sich gebracht: Die Energie- und Telefonkosten sind gesunken, die Hartz-Reformen haben nachweislich Arbeitsplätze geschaffen. Doch die Ärmsten und Schwächsten der Gesellschaft konnten kaum davon profitieren, alleinerziehende Mütter zum Beispiel oder Langzeitarbeitslose und Kranke. Die ökonomische Freiheit hat weltweit die Ungleichheit vergrößert, zudem noch auf Kosten der Natur und des Klimas. In diesem Punkt steht das progressive Prinzip der Freiheit mit den anderen zwei progressiven Prinzipien „Solidarität" und „Gerechtigkeit" im Widerspruch.

Wie weltweite Studien zu der Entwicklung moralischer und politischer Werte zeigen, kommt es den Menschen in Entwicklungsländern vor allem auf materielle Sicherheit an („survival values"), die Rolle im Kollektiv ist entscheidend, die Religion prägt den Alltag. Sobald sich Länder industrialisieren und sich die Lebensbedingungen verbessern, gewinnt die Individualisierung immer mehr an Bedeutung: die Autonomie rückt in den Vordergrund („self expression values"), die Menschen wollen sich mit ihrem Beruf persönlich verwirklichen, eine säkulare Weltordnung verdrängt die alte Stammesmoral und die Wissenschaft tritt an die Stelle der Religion. An diesem Punkt stehen die jüngeren Generationen im Westen. Sie sind mit einer historisch einmaligen materiellen Sicherheit aufgewachsen. Ihre Werte sind im Vergleich zu früheren Generationen besonders liberal, universalistisch und solidarisch.

Die Pandemie bedroht nun diese Sicherheiten existenziell und hebt gleichzeitig die Ungerechtigkeit der Welt hervor: die Armen leiden am meisten. Gerade in der Corona-Pandemie erleben wir einen starken Staat, der einzelnen Menschen Freiheiten nimmt, um die Schwachen zu schützen. Viele müssen plötzlich konsequentialistischer denken, als sie es gewohnt sind, auch wenn die Klimaaktivisten das schon lange fordern: Welche Folgen hat meine heutige Handlung in den nächsten Tagen, Wochen, Jahren? Wie intensiv darf ich kollektive Güter nutzen und wie sehr schadet mein Verhalten der Allgemeinheit?

DAS KLIMA UND DIE ROHSTOFFVORRÄTE SIND ÖFFENTLICHE GÜTER

Ein moderner, weitgefasster Gemeinwohlbegriff muss festlegen, dass wir Menschen von bestimmten Gütern nicht ausschließen sollten. Neben Straßen, Grünflächen und dem öffentlichen Rundfunk gehören dazu auch solche, die noch vor gar nicht allzu langer Zeit private Luxusgüter darstellten wie Medizin, Bildung und digitale Kommunikation. Das zeigt die Pandemie ebenfalls. Schon vor der Corona-Krise haben Forscher, Umweltaktivisten und die Demonstranten von Fridays for Future immer wieder betont, dass das Klima ein öffentliches Gut ist, das der ganzen Menschheit gehört und das wir durch unseren Lebensstil schädigen. Die weltweiten Rohstoffe im Prinzip auch: Sie werden von den Industrienationen verbraucht, obwohl sie allen gleichermaßen zustehen sollten. Wenn nun in der aktuellen Krise Quarantäne-Rohstoffe wie Toilettenpapier und Atemschutzmasken knapp werden, spüren wir plötzlich alle, was Ressourcenmangel bedeutet.

Auch die Frage, wie wir uns in der Stadt begegnen, rückt durch die Pandemie auf einmal ins Zentrum unserer Aufmerksamkeit. Die Nutzung der Stadt war bisher ebenfalls eher unter den Jungen und den

Progressiven ein Thema: Wie wollen wir in der Stadt zusammenleben? Benötigen wir Autos? Ist Straßenwerbung nicht visuelle Umweltverschmutzung? Warum gibt es so viele seelenlose Orte vor Bahnhöfen und Einkaufszentren? Wem gehört der Wohnraum? Die Frage, wie wir uns in den Dörfern und Städten begegnen, erscheint plötzlich relevanter denn je.

Die vermutlich bisher am wenigsten geklärte Frage zum Gemeinwohl lautet: Wem gehören die Daten? Die Pandemie zeigt auf fatale Weise, dass man die Infektionskurve nur dann abflachen kann, wenn man international alle Daten austauscht. Hätten die Länder im Februar besser kommuniziert, hätte man die Verbreitung schon früh nachhaltig dämpfen können. Die Pandemie macht also deutlich, dass Informationen zentraler Bestandteil der kritischen Infrastruktur sind so wie Wasser, Strom und Nahrung. Mehr noch: Es sind Güter, die weder exklusiv noch umkämpft sein sollten. Daher ist es umso skandalöser, dass Monopolisten wie Facebook und Google den alleinigen unkontrollierten Zugriff auf unvorstellbar viele Daten haben, von deren Nutzung alle profitieren könnten.

SYSTEMRELEVANTE INFORMATIONEN DÜRFEN NICHT PRIVATISIERT WERDEN

Genauso skandalös: Universitäten und damit Staaten, die sie finanzieren, zahlen gewaltige Summen an die großen Wissenschaftsverlage, um Zugang zu Forschungsartikeln zu erhalten, die überhaupt nur durch öffentliche Mittel entstanden sind. Die Anbieter erwirtschaften so Gewinnmargen, die man sonst nur aus dem Drogen- und Waffenhandel kennt. Auch dieses Wissen sollte kostenlos allen Menschen zustehen. Daten und Wissen, oder allgemeiner: Informationen sind nämlich nicht der „Rohstoff" des 21. Jahrhunderts, wie es oft heißt, sondern etwas Wertvolleres: ein abstraktes Investitionsgut, das man im Prinzip unendlich oft nutzen kann. In der Krise zeigt sich ihr Wert besonders deutlich, daher kann die Krise helfen, die Erkenntnis zu verbreiten, dass man systemrelevante Informationen nicht privatisieren darf.

Weil Gesellschaften eine Trägheit innewohnt, wird nach der Krise wieder vieles beim Alten sein. Das Leben wird sich einpendeln, die

Menschen werden wieder arbeiten, konsumieren, ihren Urlaub nachholen, neue Unternehmen gründen, und die Börsenkurse werden sich erholen. Wenn wir jedoch aus der Pandemie etwas lernen, dann könnte sie den kontinuierlichen progressiven Wertewandel beschleunigen, indem die Idee einer globalen Solidarität und der Wertschätzung des Gemeinwohls dauerhaft virale Verbreitung findet. Dann werden wir auch nach der Krise Pandemie-Apps auf dem Smartphone installieren, unseren eigenen Lebenswandel mit CO_2-Zählern überprüfen, mehr in die Entwicklungshilfe investieren, die Berufe der kritischen Infrastruktur aufwerten und das Wissen der Welt allen zugänglich machen. Und wir werden mehr dafür sensibilisiert sein, was wirklich relevant ist für unser System – und unser Leben.

Die gesunde Gesellschaft

Aus der Krise lernen, heißt auch: Wir dürfen Gemeingüter wie medizinische Vorsorge oder Wohnen nicht länger den Gesetzen des Marktes überlassen.

Von Stephan Hebel

N iemand kann von sich behaupten, schon jetzt zu wissen, wie die Welt nach Corona aussehen wird. Darum geht es hier auch nicht. Aber wie jede Krise, so hat auch diese nicht nur die Kraft zur Zerstörung. In den Trümmern mancher Gewissheit lassen sich womöglich Hinweise darauf finden, an welchen Stellen die Statik gewohnter Gedankengebäude oder gar der ganzen Gesellschaft so stabil nicht war, wie wir meinten. Nur wenn wir diese Hinweise frühzeitig erkennen, wird ein Wiederaufbau zu bewerkstelligen sein, der alte Fehler vermeidet. Das wäre ganz sicher auch im Sinne derjenigen, die Corona nicht überlebt haben. Was hätten sie sich mehr wünschen können als ein System, das sie besser beschützt hätte als das bestehende?

Einen Anfang der Serie zur Welt nach Corona soll ein Thema machen, das in diesen Tagen wie von selbst ins Rampenlicht getreten ist: die öffentliche Daseinsvorsorge. Ob Gesundheit, Wohnen oder Bildung – an vielen Stellen haben die Seuche und die „Kollateralschäden" ihrer Bekämpfung schon jetzt nicht nur Mängel sichtbar gemacht, sondern auch, wenn man sie denn sehen will, mögliche Alternativen. Es geht letzten Endes um die Frage, die der Neoliberalismus leider erfolgreich von den Füßen auf den Kopf gestellt hat: Wie viel Markt verträgt die Daseinsvorsorge, und wie viel Staat braucht sie? Seit Jahrzehnten handeln Politik und Kapital genau entgegengesetzt: So viel Markt und so wenig Staat wie möglich, lautet ihr Motto – es sei denn, wir haben Krise und die Steuerzahler müssen uns retten.

Wenn hier von mehr Staat die Rede ist, geht es nicht darum, die Regierung zur Unternehmerin zu machen, die sich letztlich so verhält wie andere Kapitalisten auch. Gemeint ist auch nicht jener autoritäre Staatssozialismus, der gesellschaftliche Initiativen abwürgt, statt auf sie zu setzen. Die Rede ist vielmehr von einer öffentlichen, demokratischen Kontrolle über die Bereitstellung der Gemeingüter, auf die alle angewiesen sind – vor allem diejenigen, die sich Gesundheit oder Wohnung nicht zu jedem Preis kaufen können.

Christian Lindner hat in diesen Tagen sein Gespür dafür bewiesen, dass die von ihm so geschätzte Vorherrschaft des Privateigentums – er spricht lieber verschleiernd von „Eigenverantwortung" – im Sog der Seuche dauerhaft in Gefahr geraten könnte: „Der Staat muss sich möglichst bald und möglichst weitgehend aus den Bereichen zurückziehen, in die er jetzt eingegriffen hat, und das alte Maß von Eigenverantwortung wiederherstellen", sagte der FDP-Chef dem „Kölner Stadtanzeiger". Das gibt einen Vorgeschmack darauf, wie schwer es werden wird, aus öffentlichen Interventionen, die jetzt die allermeisten als notwendig anerkennen, eine dauerhafte Verschiebung der politischen Koordinaten zu machen. Wird der Staat mit viel Steuergeld nur das bestehende System retten – oder haben diejenigen eine Chance, die fundamentale Konsequenzen für unsere Wirtschaftsordnung ziehen wollen?

Was die Daseinsvorsorge betrifft, müsste aus der Krise nichts weniger folgen als ein Paradigmenwechsel. Also der Abschied von einer Ideologie, die die britische Premierministerin Margaret Thatcher 1987 in einen Satz fasste: „There is no such thing as society", sagte die Pionierin des radikalen Marktliberalismus: „So etwas wie Gesellschaft gibt es nicht." Und sie erläuterte auch gleich, was gemeint war: „Es ist unsere Pflicht, uns um uns selbst zu kümmern und dann um unsere Nachbarn. Das Leben ist ein Geschäft auf Gegenseitigkeit." Diese Worte stellen eine Art Evangelium des Neoliberalismus dar: Das „Kümmern", wie die Daseinsvorsorge hier moralisierend heißt, stellt ein „Geschäft" dar, also eine Privatsache der Individuen, die als eine Art Unternehmerinnen und Unternehmer ihres Lebens zu agieren haben – Risiken und Nebenwirkungen eingeschlossen. Nun ist gegenseitige Hilfe ja an sich nichts Schlechtes. Aber die öffentlichen Güter, die die Menschen dafür brauchen, stellt nach neoliberaler Logik der Markt zur Verfügung, weil ja angeblich das Prinzip von Angebot und Nachfrage das beste Mittel ist, um die Bedürfnisse der Menschen zu befriedigen. Und dazu gehört eben dies: Wer pleite geht, geht auch nicht zum Arzt.

Es war nur folgerichtig, dass eine Welle der Privatisierung von Gemeingütern folgte. Das gilt auch für Deutschland, wenn auch vielleicht nicht ganz so rigoros wie in Großbritannien. Zigtausende Wohnungen, die Bahn, viele Krankenhäuser, Strom und Wasserversorgung, sogar Schulen und Universitäten wurden zumindest in Teilen den Gesetzen des Marktes unterworfen. Mit der Folge, dass sich ein großer Teil der Gesellschaft ein Leben in guter Vorsorge nicht mehr leisten konnte und kann. Aber was bedeutet das für die Welt nach Corona? Es bedeutet, dass wir wenigstens jetzt die fatalen Folgen dieser Politik erkennen müssen. Und vielleicht war die Chance zum Umsteuern nie so groß wie in einem Moment, da die Krise die Verhältnisse ohnehin ins Wanken bringt. An zwei Bereichen, in denen die Krise die systemischen Mängel besonders klar erkennbar macht, lässt sich das zeigen: stationäre Gesundheitsversorgung und Wohnen.

Der Anteil der Privatkliniken an der Gesamtzahl der deutschen Krankenhäuser ist in den vergangenen Jahren kontinuierlich gestiegen. Zugleich wurden die stationären Einrichtungen, auch die gemeinnützigen und staatlichen, durch das System der „Fallpauschalen" in die Diktatur der betriebswirtschaftlichen Zwänge getrieben. Es ist unter diesen Bedingungen nur logisch, dass einträgliche Operationen durchgeführt werden, statt Intensivbetten für künftige Pandemien bereitzustellen, die in der Bilanz nur als Kosten erscheinen. Der Manager eines Klinikkonzerns, der es anders macht, würde im Zweifel seine Pflichten gegenüber den Aktionären verletzen.

Die Lehre aus Covid-19 wäre also eine doppelte: Erstens müssen die Kliniken zurück in die öffentliche Hand oder in den Besitz gemeinnütziger, nicht gewinnorientierter Unternehmen. Zweitens darf nicht mehr der Profit Kriterium des Handelns sein, sondern nur der Bedarf der Gesellschaft am Gemeingut Gesundheit. Dazu gehört übrigens eine Bezahlung von Pflegekräften, die ihrem Engagement angemessen wäre. Natürlich kann dieser Bedarf nicht von oben und zentral dekretiert werden. Es ginge zumindest darum, die Organe der Selbstverwaltung, die es bereits gibt, auszubauen. Dem „Gemeinsamen Bundesausschuss", der die Leistungen für Kassenpatienten definiert, gehören die Verbände von Ärzten, Zahnärzten und Kliniken sowie die Krankenkassen an. Warum haben zum Beispiel die Patientenorganisationen hier zwar ein Mitsprache-, aber kein Stimmrecht? Anders gefragt: Wäre es nicht eine Lehre aus Corona, die in der Gesellschaft vorhandene Expertise – und auch persönliche Krankheitserfahrung bedeutet Expertise – wesentlich stärker zur Geltung zu bringen?

Hier ist nicht nur die Politik gefragt, sondern jede und jeder Einzelne: Will ich auch in Zukunft einfach zulassen, dass ein Teil meines Krankenkassen-Beitrags in die Taschen der Aktionäre eines Krankenhaus Konzerns fließt? Sollte ich nicht wenigstens vor der nächsten Wahl in den Parteiprogrammen nachschauen, wer der Profitorientierung im Gesundheitswesen ein Ende machen will? Gibt es vor Ort eine Initiative, die das Krankenhaus rekommunalisieren will? Wäre es etwas für mich, bei der nächsten Sozialwahl die Unterlagen nicht wegzuwerfen – und mich vielleicht sogar in die Selbstverwaltung meiner Kasse wählen zu lassen? Oder bin ich in der „AG Soziale Sicherungssysteme" bei Attac am besten aufgehoben? Das wären mal ein paar Möglichkeiten, den Lindners dieser Welt das Wort „Eigenverantwortung" aus dem Mund zu nehmen.

WER BEENGT WOHNT, KANN AUCH SCHLECHTER ZU HAUSE LERNEN

Zweites Beispiel: Wohnen. Es hat sich inzwischen herumgesprochen, dass die Preisentwicklung am privaten Immobilienmarkt in der Pandemie noch zusätzlich zur Spaltung der Gesellschaft beiträgt. Dass sich weitgehende Isolation auf einer Terrasse in ruhiger Umgebung besser ertragen lässt als in einer beengten Wohnung an der Hauptverkehrsstraße, liegt auf der Hand – von den vielen Wohnungslosen und anderen, fast unsichtbaren Betroffenen ganz zu schweigen. Dass diese Spaltung zur nächsten führt, muss ebenfalls niemanden wundern: Wenn zu Hause wenig Platz ist, die Eltern über einen eher niedrigen Bildungsgrad verfügen und vielleicht kein stabiler Internet-Anschluss nebst PC zur Verfügung steht, wird sich die Ungleichheit der

Bildungschancen unter den Bedingungen des „Homeschooling" noch verschärfen.

Und wieder die Fragen: Was bedeutet das für die Welt nach Corona? Und was können die Einzelnen tun? Wie bei der Gesundheit, so gilt beim Thema Wohnen vor allem eins: Es muss ein Recht sein, keine Ware. Das Prinzip der Gemeinnützigkeit ist dringend wiederzuentdecken. Eine Vielzahl von Initiativen praktiziert es schon im Kleinen: Überall entstehen Genossenschaften oder GmbHs, die so weit wie möglich jenseits des Marktgeschehens gemeinsame Häuser bauen und bewohnen. Sie brauchen allerdings die Unterstützung von Politik und Verwaltung: Grundstücke aus öffentlichem Besitz, die meistbietend verkauft werden, können sie meistens nicht bezahlen. Nur wenn Bodenpolitik andere als finanzielle Kriterien anlegt – also das Wohnen als Gemeingut versteht –, haben sie eine Chance. Wenn Stadt, Land oder Bund schon verkaufen, muss zumindest auch die „soziale Rendite" zählen und nicht nur der Preis. Oder der Boden wird in Erbpacht vergeben und verbleibt damit in der öffentlichen Hand. Viele Städte haben ihre Politik inzwischen – wenn auch noch zaghaft – entsprechend korrigiert.

WER VON GEMEINGÜTERN SPRICHT, MUSS AUCH DIE SYSTEMFRAGE STELLEN

Aber zur Gemeinnützigkeit, also Daseinsfürsorge ohne Gewinnabsicht, gehört viel mehr: Die Steuervorteile für gemeinnützige Wohnungsunternehmen, die nach dem Skandal um die „Neue Heimat" vor 30 Jahren gestrichen wurden, müssen wieder eingeführt werden. Das muss ja nicht heißen, dass wie damals unkontrollierbare, korruptionsanfällige Großkonzerne entstehen. Die Frage wäre vielmehr, wem sie gehören – also ob Wohnungsunternehmen wie teilweise schon jetzt als Genossenschaften organisiert sind – und wie offen die Kontrollgremien für alle interessierten gesellschaftlichen Gruppen sind. Auch hier kann jede und jeder Einzelne etwas tun: Warum nicht schauen, ob sich für das irgendwann bevorstehende Wohnen im Alter ein gemeinsames Projekt mit anderen auf die Beine stellen lässt? Warum nicht bei einer Initiative hereinschauen, die sich für eine wirksame Kontrolle des spekulationsgetriebenen Marktes einsetzt, etwa durch Mietendeckel, striktere Vorgaben für die soziale Mischung beim Neubau oder auch die Vergesellschaftung von Grund und Boden?

Gesundheit und Wohnen: Die beiden Beispiele stehen für die von Kapitalinteressen geleitete Fehlentscheidung, zentrale Lebensbereiche den Gesetzen des Marktes zu unterwerfen. Gesetzen, die die Mehrheit in Wahrheit noch viel weniger beeinflussen kann als diejenigen des Staates, über den wir uns so oft beklagen. Wer das ändern will, muss allerdings noch weiter gehen: Eine gute, öffentliche Daseinsvorsorge wird ohne Umverteilung des Reichtums nicht möglich sein. Wer will, dass Intensivbetten vorgehalten werden, kann das nicht durch punktuelle Korrekturen erreichen. Wer will, dass Städte bei der Vergabe von Baugrund auf Höchstpreise verzichten, muss sagen, wie sie die Mindereinnahmen ausgleichen sollen. Mit anderen Worten: Gute Daseinsvorsorge bedeutet Umbau des Wirtschaftssystems. Auch das wird Thema dieser Serie sein, und auch nach Corona sollte die Debatte weitergeführt werden. Und zwar, mit Grüßen an Christian Lindner: in voller Eigenverantwortung.

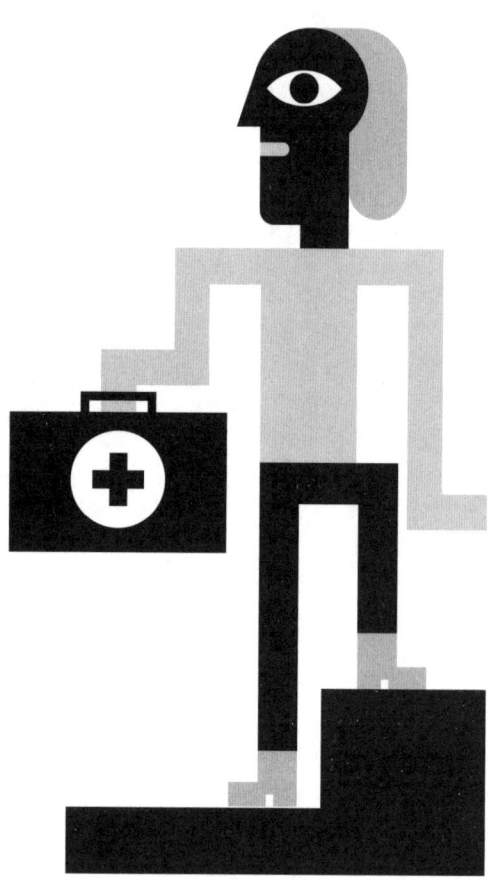

„Gesundheit gehört in die Hand des Staates"

Arzt und Autor Bernd Hontschik spricht im FR-Interview über die Fehler der Politik, die Lehren aus der Pandemie und alternative Modelle der Daseinsvorsorge.

Interview: Stephan Hebel

Herr Hontschik, wenn Sie Gesundheitsminister wären, was würden Sie zuerst in Angriff nehmen?
Zuerst zum größten Problem: Ökonomen haben das Kommando übernommen und die Medizin immer mehr an den Rand gedrängt. Sie ist bald nur noch Mittel zum Zweck. Ich bin mit der ganzen Richtung nicht einverstanden, in die das große Schiff Gesundheitswesen gesteuert wird. Wenn die Richtung nicht stimmt, nützen die schönsten Reformen nichts. Das Sozialsystem Gesundheitswesen verkommt zu einer Gesundheitswirtschaft. Dividenden werden aus den Krankenkassenbeiträgen der Solidargemeinschaft generiert. Das muss aufhören. Sozialsysteme kann man nicht optimieren. Man verkauft ja auch nicht die Feuerwehr an Investoren und schaut dann zu, wie Stellen gestrichen werden, weil es länger nicht gebrannt hat.

Es gibt ja die wildesten Spekulationen über Covid-19. Das klingt manchmal so, als sei das Virus erfunden worden, um die Menschen in Angst und Schrecken zu versetzen oder besser kontrollieren zu können. Wie sehen Sie den Zusammenhang zwischen dem Virus und dem Handeln der Politiker/-innen?
Ein Virus kann man nicht erfinden. Neue Viren wird es immer geben. Allerdings hat man das ignoriert und sich dann nur noch mit Not-

stand und autoritärem Regieren behelfen können, als es zu spät war. Einigen Politiker/-innen scheint das Regieren im Notstand aber gar nicht so unangenehm zu sein. Jetzt dürfen sie es und hauen dabei atemberaubende Sprüche raus wie zum Beispiel, die Gesundheit habe zu 100 Prozent Vorrang. Das empört mich. Die Gesundheit hatte noch nie Vorrang, schon gar nicht zu 100 Prozent! Sie hatte beim Nachtflugverbot keinen Vorrang, nicht bei den Hospitalinfektionen, nicht beim Glyphosat, nicht beim Tempolimit, nicht bei der Energiewende – und schon gar nicht bei der Wertschätzung und Bezahlung der Pflegekräfte.

Was würde eine alternative Corona-Politik aussehen, die Sie als Minister vorantreiben würden?
Es gibt keine Alternative mehr. Es hätte bis vor einem halben Jahr noch Alternativen gegeben. Man hätte einige Hundert Millionen Atemmasken und Schutzkleidung eingelagert haben müssen. Man hätte Betriebe, Kindergärten, Schulen und Universitäten mit Pandemieplänen versorgen und Übungen machen müssen, Krankenhäuser und Heime einbezogen. Vorausschauen und vorsorgen, das wär's gewesen. Wir haben stattdessen Kinder und alte Menschen zu den größten Verlierern gemacht. Aber was soll man auch von einer Regierung halten, bei der die Familienministerin nicht zum sogenannten Corona-Kabinett gehört?

Wie würden Sie als Gesundheitsminister vorgehen, wenn irgendwo auf der Welt wieder so etwas ausbrechen sollte wie im Dezember in Wuhan?
Ich würde sofort drei meiner besten Leute dorthin schicken. Mit deren aktuellen Informationen würde ich breite Vorbereitungen treffen auf ein Leben mit dem Virus, nicht gegen das Virus: mit Abstandsregeln, Hygienemaßnahmen, Atemmasken und ohne Massenveranstaltungen. Vor allem würde ich das Beschwichtigen und Besänftigen bleiben lassen und die Bevölkerung nicht immer wieder in die Irre führen: Ende Januar sprach Gesundheitsminister Jens Spahn von einem im Vergleich zur Grippe „milden Infektionsgeschehen". Anfang Februar behauptete er, es seien ausreichend Intensivstationen da mit guter Ausstattung. Am 26. Februar wandte er sich öffentlich gegen das Absagen

von Großveranstaltungen. Noch am 14. März trat Spahn „Gerüchten" entgegen, die Bundesregierung plane Einschränkungen des öffentlichen Lebens. Das ist doch unfassbar, dass ein Gesundheitsminister so auftritt!

Sie meinen also, dass die verantwortlichen Politiker noch im März der Ökonomie den Vorrang vor der Gesundheit gegeben haben. Wie kann man das in Zukunft verhindern?
Das ist für alle Beteiligten ein permanenter Lernprozess, denn so etwas hatten wir ja noch nie. Nach Corona: Das heißt für mich auch, dass wirtschaftliche Überlegungen die Medizin nie wieder an die Wand drücken dürfen. Ob Bergamo, Ischgl oder Tirschenreuth, überall fürchteten die Verantwortlichen zuallererst um die Wirtschaft, nicht um die Gesundheit. Um den Shutdown dann als „alternativlos" zu verkaufen, hat man uns täglich die Apokalypse vor Augen geführt, furchterregende, sinnleere Zahlen veröffentlicht mit Horrorbildern von Intensivstationen und mit den immer gleichen Scharfmachern in allen Talkshows.

Wie hätte man es denn anders machen sollen?
Bei der Abwägung, wie gefährlich ein Virus ist und wie gefährlich seine Bekämpfung werden kann, sollte man alles im Blick behalten. Man muss von Anfang an Pädagogen, Psychologen, Sozialwissenschaftler, Jugendämter, Hausärzte, Pflegekräfte und andere mehr in die entscheidenden Gremien holen. Das, woran ich hier denke, bezeichnen die Meinungsführer zur Zeit als Kollateralschäden. Eine Verharmlosung sondergleichen ist das! Der Mensch ist doch zu einem Virus keine Kollaterale! Leider hat sich niemand ausreichend damit beschäftigt, als die Entscheidungen getroffen wurden. Was mich dabei wirklich verblüfft, ist die überwältigende Zustimmung, die unsere Anführer in Land und Bund dafür erhalten. Ich fürchte, dass wir bald eine bittere Bilanz ziehen müssen.

Es heißt, die Pandemie habe gezeigt, wie gut das deutsche Gesundheitswesen funktioniert. Stimmt das nicht zumindest in Bezug auf Corona?
Ja, das deutsche Gesundheitswesen ist immer noch recht gut. Ich habe im Laufe meines Berufslebens oft das Gefühl gehabt, Teil eines großen,

funktionierenden Systems zu sein, trotz immer mehr Sand im Getrie-be durch Sparwut und Privatisierung. Corona hat unser Gesundheits-wesen bis jetzt gemeistert. Aber es sollte sich niemand damit brüsten – außer denen, die das geleistet haben. Ich bin beeindruckt vom Einsatz unseres medizinischen Personals. Dass es dabei mehr als 20.000 infi-zierte Pflegekräfte, Ärztinnen und Ärzte gab, Hunderte davon inten-sivpflichtig, mindestens 60 sogar gestorben, ist ein Skandal. Bis heute besteht ein Mangel an Schutzausrüstungen! Da hat es mich dann doch ziemlich angewidert, dass man in Bayern mit Hilfe frischer Notstands-gesetze Ärztinnen und Ärzte „zwangsverpflichtet" hat. Gab es nicht gerade eben noch Applaus? Man könnte doch jetzt auf den Balkonen allabendlich der Lufthansa Applaus spenden, aber die Subventionen in Milliardenhöhe stattdessen in den Pflegebereich investieren.

Kommen wir zur „Welt nach Corona": Was wären die drei wichtigsten großen Reformprojekte des Gesundheitswesens, die Sie als Gesundheits-minister in Angriff nehmen würden?
Zunächst möchte ich Ihnen widersprechen: Eine Welt nach Corona wird es nicht geben. Es wird nur eine Welt mit Corona geben. Die wichtigste Erkenntnis aus den vergangenen drei Monaten ist, dass nur eine staatliche Organisation Mittel und Fähigkeiten hat, eine der-artige Lage zu meistern. Und das wäre mein erstes und wichtigstes Vorhaben: Die Daseinsvorsorge gehört in die Hand des Staates. Die Gemeinnützigkeit hätte bei mir absoluten Vorrang. Private Klinikkon-zerne sind zu enteignen und durch Rückkauf zu entschädigen. Im Gesundheitswesen müssen alle Gewinne im System bleiben, statt an der Börse zu landen. Flächentarifverträge wären wieder überall gül-tig, ärztliches und Pflegepersonal könnte endlich mit guten Arbeits-bedingungen rechnen.

Da bekämen Sie es aber mit gewaltigen Widerständen zu tun. Mit wem wollen Sie sich denn außerdem noch anlegen?
Mein zweites Projekt wäre die Einführung der Bürgerversicherung. Mit den privaten Krankenversicherungen verabschiedet sich das gut verdienende Zehntel der Bevölkerung aus der gesellschaftlichen So-lidarität. So kann es nicht weitergehen. Wer will, kann sich seine

Privilegien ja durch Zusatzversicherungen einkaufen. Ich würde das Konzept einer Bürgerversicherung mit solidarischer Finanzierung verfolgen. Niemand braucht mehr als hundert Krankenkassen, eine genügt. Das sieht man am Gesundheitsfonds, in den jetzt schon alle unsere Krankenkassenbeiträge fließen. Aus diesem Fonds werden sie dann nach einem extrem komplizierten Schlüssel aufgeteilt und an die verschiedenen gesetzlichen Krankenkassen weitergegeben – bürokratischer geht's nicht. Krankenkassen sollen ja nicht konkurrieren, worum denn auch? Sie sollen keinen Gewinn machen, sondern die Kosten der allgemeinen Gesundheitsversorgung finanzieren, sonst nichts.

Und was wäre das dritte Projekt?
Mein drittes Projekt beendet die Trennung der stationären von der ambulanten medizinischen Versorgung. Wer jetzt immer noch Krankenhausschließungen propagiert, hat nichts verstanden. Hausarztmedizin, die Allgemeinmedizin muss ins Zentrum rücken. Um diese Basis herum gruppieren sich Pflegestützpunkte, Fachärzte/-innen aller Art und stationäre Einrichtungen. Niedergelassene und Krankenhausärzte/-innen behandeln ihre Patienten gemeinsam. Integrierte Versorgungskonzepte genießen absoluten Vorrang. Krankenhäuser werden in Kategorien eingeteilt, vom kleinen 50-Betten-Haus der Grundversorgung bis hin zu universitären Einrichtungen mit allen Spezialabteilungen. Die Finanzierung baut nicht auf Fallpauschalen auf, sondern geschieht entsprechend dem Auftrag beziehungsweise der Größe des Krankenhauses mit pauschalen Budgets. Bezahlt wird die Erfüllung des gesellschaftlichen Auftrages, nicht eine konkrete medizinische Tat.

Gibt es noch etwas, das Ihnen genauso wichtig wäre?
Ja, natürlich! Mein viertes Projekt wäre die Neuorganisation des Pharmabereiches. Geforscht wird an den Universitäten. Dafür sind sie da, und dafür würde ich sie großzügig ausstatten. Forschung gehört zur staatlichen Daseinsvorsorge. Ich würde eine Positivliste von Medikamenten herausgeben, die zur Regelversorgung unerlässlich sind. Die Preise würden vom Staat festgelegt, obszön hohe Gewinne der Pharmahersteller gehörten damit der Vergangenheit an. Und die Arzneimittelproduktion würde ich so rasch wie möglich nach Europa zurückholen.

Wie schätzen Sie die Chancen ein, dass Ihre Reformprojekte oder wenigstens Teile davon in der Zeit nach Corona verwirklicht werden?
Ehrlich gesagt: gering. Ich spüre stattdessen jetzt schon, dass alles weitergehen soll wie zuvor. Nehmen Sie den VW-Chef: Er bedient sich beim Kurzarbeitergeld, als gehörte ihm die Kasse der Arbeitsagentur. Er zahlt den Aktionären Dividenden, denn man hat ja Milliardenrücklagen. Im gleichen Atemzug verlangt er staatliche Kaufprämien für seine klimaschädlichen Autos: dreist, unverschämt, nichts verstanden! Nach dem Staat wird nur gerufen, wenn Krise ist. Wird das im Gesundheitswesen nach Corona anders sein? Meine geringe Hoffnung auf Besserung beruht höchstens darauf, dass jetzt wirklich alle Menschen sehen konnten, wie ein Gesundheitswesen funktioniert. Ich glaube, dass alle vier Projekte, auf denen ich meine Gesundheitspolitik aufbauen würde, nämlich die Gemeinnützigkeit, die Bürgerversicherung, die integrierten Versorgungskonzepte und die Beschneidung der Pharmaindustrie, längst eine ganz große Mehrheit in der Bevölkerung haben.

Also zum Schluss doch noch etwas Optimismus?
Ja, natürlich. Wir alle verstehen jetzt mehr als je zuvor, dass Gesundheit kein Spielball der Börse und der Lobbyisten sein darf. Es ist in den letzten drei Monaten zu einem neuen gesellschaftlichen Konsens geworden, dass das Gesundheitswesen zur Daseinsvorsorge gehört und dass Daseinsvorsorge eine originär staatliche Aufgabe ist. Schauen wir, wie lange dieser neue Konsens anhält – das wird der Prüfstein.

Menschlichkeit im Digitalen

Corona zeigt, wie abhängig wir von Technik sind und wie große Konzerne unser Handeln bestimmen. Höchste Zeit, eine digitale Ethik dagegenzusetzen.

Von Thomas Kaspar

Palim! Palim!" – Mitten in der Corona-Krise klingt das etwas andere Angebot für den Austausch via Internet ausgerechnet wie ein alter Scherz von Dieter Hallervorden. Entwickelt hat es ein 31-jähriger IT-Beauftragter einer kleinen Gemeinde am südwestlichen Zipfel Deutschlands. Eduard Itrich ist Angestellter der Gemeinde Bühl und hat eine Lösung für seine Gemeinde entwickelt. Für 80 Euro im Monat hat er Server gemietet, darauf eine Open-Source-Software installiert und ihr eine so bedienerfreundliche Umgebung verpasst, dass damit Chorproben, Feuerwehrschulungen und Tischtennistreffen abgehalten wurden, Enkel ihre Omas und Opas angerufen haben und irgendwie alles, was die knapp 30.000 Einwohner zählende Gemeinde in Baden-Württemberg abhalten will, möglich wurde.

„Palim! Palim" ist am Gemeinwohl orientiert, dezentral und streng an humanen Werten orientiert. Die Software ist damit das Gegenteil unserer jetzigen IT-Angebote. Denn wie uns die Corona-Krise in einer nie so offensichtlichen, für jeden spürbaren Weise vor Augen geführt hat, ist die digitale Welt der Inbegriff des offenen Marktes, der nahezu beliebige Kapitalmengen in Oligopolen konzentriert.

ES GILT, DIE KAPITALISIERUNG VON DIGITALISIERUNG ZU DURCHBRECHEN

Das kleine gallische IT-Dorf Bühl hat aber auch bewiesen, dass es ganz anders geht. Den Unterschied macht einzig das wertebasierte Handeln des Entscheiders. „Wir verwalten öffentliche Gelder, die wollten wir nicht in Hände geben, von denen die Gemeinschaft nichts hat", sagt der Informatiker Itrich. Hinter diesem Einzelfall steckt der Keim für eine digitale Ethik, und damit für die Chance, die Welt nach Corona insgesamt anders zu gestalten. Kern dieser digitalen Ethik sind Gemeinwohlorientierung, Dezentralität und eine ethische Produktentwicklung. Wenn Corona das Brennglas ist, dann ist die Digitalisierung der Brandbeschleuniger, der alles in Flammen aufgehen lässt, was bislang versäumt wurde. Corona zeigt auch: Wenn wir nicht gestalten, werden wir fremdbestimmt, weil wir nichts Eigenes entwickelt haben.

Am deutlichsten wird dies am Beispiel Buchhandel. Lesen feiert eine Wiederkehr. Lange Texte, wer hätte das gedacht, haben auch in der Zeit der aufmerksamkeitszerstückelten Smartphone-Schnipsel ihren Platz. Doch Corona verschärft die globalisierte Konzentration von Kapital auf brutale Weise. Wirtschaftswissenschaftler analysieren das als eine Kombination von niedrigen Grenzkosten, systemischen Netzwerkeffekten und beliebigem privaten Risikokapital ohne politische Monopolsteuerung – das Ergebnis ist eine immense Machtkonzentration.

Jeff Bezos, der Gründer von Amazon, hat das früh erkannt. Wie ein riesiger Firmen-Staubsauger hat er alle lokalen Buchhändler aufgekauft, die sich im Internet versucht haben. Er hatte enorme Kapitalgeber im Hintergrund – und nur ein Ziel: Möglichst viele Kunden unter einem Datenmodell zu vereinen. Es spielt bis heute kaum eine Rolle, Gewinn zu machen, denn die Investoren interessiert nur eines: je mehr Kunden, desto größer die Einkaufsmacht; je größer die Versuchung für kleine Händler, sich dem Marktplatz anzuschließen, desto niedriger die Schwelle der Kunden, beim nächsten Mal wieder hier zu kaufen. Die Folge: Während Buchläden ums Überleben und die Weitergabe der Mehrwertsteuer kämpfen, stellt Amazon weltweit 100.000 Beschäftigte ein – viele in prekären Verhältnissen ohne rechtliche Absicherung. Gäbe es keine Buchpreisbindung, könnte Jeff Bezos seine Bücher auch verschenken, um noch mehr Kunden zu versammeln. Philipp Staab hat das in seinem Buch „Digitaler Kapitalismus" treffend zusammen-gefasst: „Klassische Monopolunternehmen agieren auf Märkten, die Leitunternehmen des digitalen Kapitalismus hingegen sind Märkte."

Entstanden ist das, was man Plattformindustrie nennt: Aggregation von möglichst vielen Kunden in einem eigenen proprietären Markt. Ob beim Buch oder der Ferienwohnung, das Prinzip ist immer das glei-che: Private Vermieter organisieren sich bei „Airbnb", die keine lokale Steuern zahlen, die Tourismusvorschriften der Gemeinde nicht ken-nen und fernab von lokalen Gemeinschaftsbedürfnissen ihren Moloch aufblasen. Die kritische Masse an Kunden für ein digitales Schwarzes Loch ist in vielen Dienstleistungsbereichen längst erreicht – aber die Masse an Kunden ist nicht kritisch, sondern bequem. Das funktioniert – wie Corona zeigt – bei Shops, Vermietungen, Lieferdiensten und je-dem digitalisierbaren Service – also überall da, wo die Anfangsinvesti-tionen so hoch sind, dass der einzelne ethisch handelnde Mittelständ-ler irgendwann nicht mehr mithalten kann und nur noch aufgeben oder sich in das System ergeben kann.

Es ist zu einfach, hier die Verantwortung nur in die Hände der Kun-dinnen und Kunden zu geben. Denn der Kern der Plattformindustrie ist eben, dass mit wachsender Größe auch die Komfortfunktionen im-mer weiter ausgebaut werden. Irgendwann sind das technische Wis-sen und die Funktionen des Marktführers so umfassend, dass der Kun-de verständlicherweise hier bucht.

Während der Corona-Krise hat Angela Merkel in ihrer vielbeachte-ten ersten Rede davon gesprochen, dass Angehörige „zoomen" kön-nen, also per Video-Chat miteinander in Verbindung bleiben können. Dieses Wort zeigt die komplette Hilflosigkeit der europäischen Digi-talwirtschaft und der sie kontrollierenden Politik. In der Krise blieb Unternehmen, Schulen und Privatmenschen nichts anderes übrig, als auf die Angebote der Plattform-Oligopole zurückzugreifen.

Es ist höchste Zeit, dem etwas entgegenzusetzen. „Palim"-Erfinder Itrich hat große Vorkenntnisse und so eine separate Lösung für seine lokalen Bedürfnisse entwickelt. Er hat damit auch gezeigt, dass es kei-ner riesigen Märkte für Austausch bedarf: Lokale Gemeinschaften sind sich selbst genug, sie brauchen nur das zuverlässige, vertrauensvolle Werkzeug, um das zu tun, was sie möchten. Das Digitale rückt an den richtigen Platz. Es bietet nicht aufgeplusterten Mehrwert, sondern fördert den Eigenwert des Menschlichen.

Es muss also viel einfacher, mit europäischen Wertvorstellungen vereinbar und vor allem transparent rechtlich kontrollierbar sein, solche Lösungen einzusetzen. Digitale Infrastruktur muss Gemeinwohl sein. Nutzerinnen und Nutzer müssen zumindest eine Alternative haben, wenn sie freie Angebote nutzen wollen, falls die Zerschlagung der Tech-Giganten nicht gelingt. Die europäische Initiative GaiaX ist hier ein wichtiger Schritt.

Pointe am Rande: Gaia war auch der Name einer Mailbox in Tübingen, und zwar zu einer Zeit, als das Internet noch aus Homecomputern bestand, die per Telefon mit Akustikkopplern verbunden waren. Bürgerinitiativen und NGOs wie Greenpeace organisierten in den 80er Jahren darüber ihre Aktionen. Es war der Traum der ersten Nerds, mit Hilfe der neuen Technik aktive, mündige Menschen zusammenzuzusammenzubringen und eine bessere Welt zu schaffen. Wir sind inzwischen leider ernüchtert aufgewacht.

GaiaX hat mit der Vorgängerin nichts zu tun, aber der Geist geht in eine ähnliche Richtung. Die deutsch-französische Initiative für eine sichere und vernetzte Dateninfrastruktur, die europäische Souveränität sichert, ist genau richtig. Es ist entscheidend, dass diese nicht nur wirtschaftlichem Wachstum, sondern auch dem Gemeinwohl verpflichtet ist. Die Aufholbewegung Europas im digitalen Markt wird Zeit brauchen. Von entscheidender Bedeutung ist, dass dies nicht nur einen Gegenmarktplatz braucht. Wir dürfen nicht wieder Wohlstand mit Wohlergehen verwechseln. Von Anfang an müssen wir nicht nur die Technik diskutieren, sondern auch die Werte, mit denen wir diese einsetzen. Wir brauchen eine europäische Charta der digitalen Menschenrechte, der diese europäische Entwicklung verpflichtet ist. Und wir müssen Modellprojekte fördern und kommunizieren, damit „Palim" nicht der Einzelfall, sondern der Regelfall wird.

INFRASTRUKTUR IST GEMEINGUT – NUR SO ENTSTEHT DIGITALE VIELFALT

Die europäische Emanzipation bietet die Chance, die aufgeklärte Gutenberg-Gesellschaft mit den Möglichkeiten des Digitalen zu versöhnen. Wir brauchen Digitalministerien, die die besten und kreativsten Köpfe kennen und anlocken. Die nicht nur Infrastrukturmaßnahmen aufbauen, sondern eine humane digitale Welt. Warum übertragen wir nicht gelernte Kulturtechniken auf die digitale Wiederauferstehung? Wo ist der deutsche und der hessische Digitalpreis, der aufmüpfigen, gemeinsinnstiftenden Projekten Förderung und Bühne bietet?

Die Basis einer übergreifend funktionierenden, digitalen europäischen Plattform muss systematisch heruntergebrochen werden auf die Vielfalt der deutschen föderalen Welt. Das Beispiel Schule zeigt während der Corona-Krise die Hilflosigkeit, die durch diese Vision behoben werden kann. Wenn sich eine Lehrerin keine Gedanken mehr machen muss, auf welcher Schulplattform sie unterrichtet und lehrt, kann sie sich umso hingebungsvoller um die Förderung der Kreativität kümmern. In zehn Jahren haben dann vielleicht die Lehramtsstudierenden Kurse zur digitalen Didaktik zusammen mit einer Einführung in die einheitliche Plattform schon an der Universität gelernt und können ihre Materialen austauschen und auch bei einem Schulwechsel wiederverwenden. Ein Paradebeispiel dafür, dass wichtige Plattformen öffentliche Güter sein müssen.

Das digitale unterscheidet sich vom analogen Leben dadurch, dass es die Welt in Nullen und Einsen modelliert. Eine zwingende Konsequenz daraus ist, dass alles Digitale zählbar ist. Das durchdringt alle Lebensbereiche, auch das Unzählbare wie Leidenschaft – „alle elf Minuten verliebt sich ein Mensch bei uns", wirbt eine Plattform. Jedes noch so irrationale Gefühl wird zerlegt in zählbare Ziele. Derzeit werden diese Ziele ausschließlich von Wirtschaftsunternehmen definiert. Eine der Perversionen der Digitalwirtschaft ist, dass Psychologen ein neues Berufsbild entwickelt haben. Ihre Aufgabe: keine Ablenkung, bequem gelenkt ans Ziel. Sie wollen Menschen nicht mehr heilen, sondern das Wissen um die Psyche nutzen, um Profit zu erhöhen. „Bist du nicht der Kunde, bist du die Ware" lautet einer der Grundsätze der Plattformindustrie. Wer nicht bestellt, kann immer noch als Datensatz verwertet werden.

WOLLEN WIR WIRKLICH IMMER NUR BEQUEM UND SCHNELL ANS ZIEL?

Auch hier ist es höchste Zeit, die Ethik zurück in die Wertschöpfungskette digitaler Prozesse zu bringen. Die Wirtschaftswissenschaftlerin Sarah Spiekermann hat dies „ethics by design" genannt. In „Digitale Ethik" stellt sie drei entscheidende Fragen, die bereits bei der Konzeption von digitalen Produkten bedacht werden sollten. Wie wirkt sich die Technik auf den Charakter der Betroffenen aus? Welche menschlichen, sozialen, ökonomischen Werte sind dadurch tangiert? Und welche ethischen Maximen sind betroffen, die so wichtig sind, dass sie bewahrt werden sollten? Vielleicht sollten wir endlich lernen, diese Fragen zu beantworten, bevor wir mit der Programmierung beginnen. Das Ergebnis ist frappierend. Vielleicht wollen wir gar nicht möglichst usability-orientiert schnell ans Ziel gelangen. Vielleicht wollen wir nicht personalisiert nur das sehen, was uns zu interessieren scheint. Vielleicht ist die Störung des Ablaufs genau der Impuls, der uns innehalten und Mensch werden lässt.

Corona hat uns gezeigt, dass wir derzeit einer zentralen digitalen Kapitalismuswirtschaft ausgeliefert sind. Das Digitale ist grenzenlos, überall vorhanden und derzeit kaum kontrolliert. Das Analoge wird aber nicht zurückkehren. Es ist höchste Zeit, dass wir Digitalisierung nicht mehr als Wirtschaftsfaktor begreifen, sondern vereinen mit dem politischen, rechtlichen, aber auch religiösen und künstlerischen Diskurs. Es ist Zeit, dass wir die Kontrolle zurückgewinnen und eine digitale Ethik durchsetzen.

Stillstand als Beschleuniger

Die Corona-Krise forciert nicht nur den digitalen Wandel. Sie zeigt auch: Der Mensch ist der Schlüssel für nachhaltiges Leben, Arbeiten und Wirtschaften.

Von Karl-Heinz Land

D as Coronavirus hat zugeschlagen und Gesellschaft, Wirtschaft sowie unseren gewohnten Alltag auf den Kopf gestellt. In den zurückliegenden Wochen ist uns bewusst geworden, wie verletzlich wir sind. Als Mensch, als Gesellschaft – und auch als Bewohner eines Planeten, dessen Halbwertszeit im Hinblick auf den Klimawandel möglicherweise rapide abnimmt.

Bereits 2012 warnten das Robert-Koch-Institut (RKI) und die Weltgesundheitsorganisation (WHO) vor einer zu erwartenden Corona-Pandemie und deren fatalen Folgen. Die Frage war nicht, ob sie kommt, sondern wann es soweit ist. Eine so „unbequeme Wahrheit" konnten die meisten von uns nicht wahrhaben. Also ließen wir davon ab. Ähnlich denken wir heute über die Konsequenzen, die sich durch Klimawandel und Artensterben, Mikro-Plastik und Umweltverschmutzung ergeben werden. Sie sind fatal und ihre Auswirkungen spüren wir jetzt nur indirekt. Erst wenn die Folgen dramatische Ausmaße annehmen, sehen wir die Ergebnisse mit unseren eigenen Augen.

CORONA ALS IMPULSGEBER FÜR DIGITALE TRANSFORMATION

Mit dem Ausbruch der Corona-Pandemie musste von jetzt auf gleich auf fast alles, was für uns Bedeutung hatte, verzichtet werden. Wir konnten uns nicht mehr mit Freunden und Familie treffen, nicht mehr fliegen, ausgehen, feiern oder im Restaurant essen gehen. Auch der Urlaub fiel aus. Selbst die Arbeit musste in vielen Bereichen ruhen. Unsere überdrehte Burn-Out-Konsumgesellschaft mit McKinsey-Wachstums- und Effizienz-Glauben stand auf einmal still.

Doch es heißt nicht umsonst, dass jede Krise auch gleichzeitig eine Chance ist, die positive Auswirkungen mit sich bringt. Das Coronavirus hat in wenigen Tagen erreicht, was beharrliche Appelle und Überzeugungsarbeit von Umweltorganisationen und Experten für Digitalisierung in den letzten Jahrzehnten nicht geschafft hatten. Jahrelang unterschätzten viele Menschen die Bedeutung der Digitalisierung und der technologischen Entwicklung. Die positiven Aspekte oder Errungenschaften wurden bei diesem Thema sogar oft heruntergespielt. Nun standen viele Unternehmen und deren Mitarbeiter plötzlich ohne Warnung vor der Frage: Home-Office oder gar nicht arbeiten? Online-Konferenz oder gar kein Meeting? Innerhalb von wenigen Tagen waren wir gezwungen, uns mit pragmatischen Lösungen zu beschäftigen. Was vorher nicht möglich schien, klappte nun innerhalb kurzer Zeit ohne langes Reden und Zweifeln.

Software, Tools und Methoden agiler Arbeitsprozesse hielten Einzug in unseren Berufsalltag. Wer bis vor Kurzem noch in den Kinderschuhen der Industrie 4.0 steckte, arbeitete plötzlich wie selbstverständlich digital und agil.

WAS IST INDUSTRIE 5.0? ENTSTEHUNG EINER FÜNFTEN INDUSTRIELLEN REVOLUTION

Wir alle kennen den Begriff der Industrie 4.0 und assoziieren damit eine digitale Revolution. In vielen Lebensbereichen kommen Technologien zur Anwendung, die uns den privaten Alltag erleichtern sollen. Auch die Optimierung und Automatisierung industrieller Arbeitsprozesse steht dabei im Fokus. Wir reden über das Internet der Dinge, über Sprachassistenten, autonomes Fahren, smartes Wohnen und smarte Fabriken. Doch die vierte industrielle Revolution, in der wir uns im Moment alle sehen, ist längst nicht mehr der Rahmen, in dem wir uns bewegen. Stattdessen läuft bereits der nächste Wandel. Er tritt durch die Corona-Krise jetzt sogar noch deutlich schneller und bewusster hervor und erfordert zugleich ein Nachdenken über uns selbst. Denn wir sind Menschen, biologische Geschöpfe, die sich immer wieder über neue Technologien der Industrie 4.0 freuen, weil sie uns Bequemlichkeit verschaffen. Vernetzung, Daten zur Steuerung von Prozessen und automatisierte Verfahren helfen zwar dabei, dass wir vielleicht weniger selbst tun müssen. Doch laufen wir dabei nicht Gefahr, uns von jeglicher Verantwortung zu entbinden? Wir tragen einerseits die Verantwortung für uns selbst, für die Gesellschaft, aber darüber hinaus auch für die Umwelt und das Klima. Der Mensch ist der Schlüssel für nachhaltiges Leben, Arbeiten und Wirtschaften.

Hier kommt der Terminus der Industrie 5.0 ins Spiel. Doch was ist das – die Industrie 5.0? Anders als bei der Vorstufe, der Industrie 4.0, bei der vernetzte und automatisierte Dinge und Prozesse auf der Basis von Daten vonstatten gehen, spielt bei der Industrie 5.0 nicht mehr die Technologie die größte Rolle, sondern der Mensch als biologisches Wesen.

DIGITALISIERUNG NICHT AUF KOSTEN DER MENSCHLICHEN KREATIVITÄT

Obwohl die Stufe der kompletten Digitalisierung unserer bekannten Systeme noch lange andauern wird, ändern sich bereits jetzt die Zielsetzungen. Verantwortlich dafür ist dabei auch ein so wichtiges Thema wie der Klimaschutz. Denn eine intakte Umwelt macht das Leben für alle Menschen lebenswert. Tun wir nichts dafür, kommt vielleicht in naher Zukunft schon für die nächste Generation, also unsere Kinder und Enkel, das böse Erwachen. Es ist deshalb unumgänglich, dem Trend der absoluten Technik mit Computern und des damit verbundenen Profits eine menschliche Note gegenüberzustellen.

Bei der Produktion von Dingen darf nicht allein die Kommerzialisierung im Vordergrund stehen. Vielmehr sind die Errungenschaften der Industrie 4.0, das Internet of Things (IoT), auf die Bedürfnisse der Menschen und unseres Planeten auszurichten. Roboter und Maschinen arbeiten nicht automatisch nur ihre automatisierten Befehle ab, die künstliche Intelligenz (KI) auf Basis von Daten erzeugt. Eine KI, die ihrem Namen gerecht wird, muss Maschinen zu kollaborierenden

Robotern erziehen, die den Menschen als Wesen nicht ersetzt, sondern ihn in seinem Tun sinnvoll und nachhaltig ergänzt. Blicken wir noch einmal auf den Verlauf der Industrialisierung vom Beginn bis zur Gegenwart:

— Anfang der Industrialisierung und Urbanisierung im 18. Jahrhundert

— Industrie 2.0: Elektrifizierung, Materialwirtschaft und Massenproduktion zu Beginn des 19. Jahrhunderts

— Industrie 3.0: digitale Technik, Automatisierung und erste Roboter ab 1970

— Industrie 4.0: Internet der Dinge und die Vernetzung von Maschinen erzeugen viele Daten für Optimierung

Die nächste, nunmehr fünfte industrielle Revolution definiert sich durch eine sinnvolle Kombination von Robotern und Menschen. Denn trotz der voranschreitenden Digitalisierung und dem zunehmenden Einsatz von intelligenten und smarten Geräten oder Maschinen bleibt der Mensch der Mittelpunkt unserer Gesellschaft. Er kann und darf nicht durch Roboter oder künstliche Intelligenz ersetzt werden. Die maschinellen Technologien verbinden sich also mit menschlicher Kreativität. So gesehen leben wir bereits mittendrin im Wandel der Zeit, der sich mit dem Terminus der Industrie 5.0 gut umschreiben lässt.

Die Zukunft besteht ja nicht nur aus Maschinen mit künstlicher Intelligenz. Vielmehr spielen individuelle Bedürfnisse der Menschen und diesem Bedarf angepasste Produktionen und Dienstleistungen eine viel größere Rolle. Das gilt insbesondere für die Wirtschaft. Digitaler Wandel hat die Aufgabe, intelligente Lösungen zu erschaffen, um Innovationen für alle Branchen aufzuzeigen. Jede Branche kann nur so auf den Trend der Individualisierung reagieren. Wer sich als Unternehmen oder Dienstleister dieser Entwicklung verschließt, arbeitet am Bedarf vorbei.

IMMER SCHNELLER, HÖHER, WEITER? – NEIN, ZEIT ZUM ENTSPANNEN

Was machen die Digitalisierung und der unaufhörliche Drang nach Optimierung unseres Lebens eigentlich mit uns? Wir müssen uns permanent damit beschäftigen, aktuell informiert zu bleiben. Technisch, digital und organisatorisch. Doch sind wir dabei auch immer menschlich? Vielleicht liegt es in der Natur der Sache, dass wir permanent versuchen, besser zu sein, noch mehr Erfolge zu haben und so schnell wie möglich ein Ziel zu erreichen.

Automatisierung und Optimierung von Prozessen und Abläufen helfen uns dabei: im privaten Umfeld und bei der Arbeit in Unternehmen. Auf der Strecke bleiben jedoch Faktoren wie die Gesundheit, das allgemeine Wohlbefinden, Geselligkeit, die Bewegung und auch die Kreativität. Wir lassen eher uns steuern als selbst zu steuern; wir verlieren unsere Individualität, weil wir uns (ver-)leiten lassen. In der Zeit des Lockdowns aufgrund der Corona-Pandemie haben wir jedoch schnell erfahren müssen, wie wertvoll die individuelle Freiheit ist und wie schnell wir es als negativ empfinden, dass gewohnte und alltägliche Dinge nicht mehr so einfach möglich sind.

In dieser Zeit haben wir aber auch gemerkt, dass wir auf viele Dinge verzichten können, weil wir sie zum Leben auch nicht unbedingt benötigen. Wir leben in einer Welt des Überflusses. Schauen Sie doch mal auf dem Dachboden, im Keller oder in Ihren Schubladen nach. Wir kaufen Dinge, die wir nicht brauchen, um Personen zu beeindrucken, die wir nicht einmal mögen. Während der Corona-Auszeit zuhause stellten wir fest, dass wir auch ohne maßloses Shopping überleben. Es verschafft uns Entspannung, weil wir die Tretmühle des Alltags verlassen haben – notgedrungen.

MODERNES ARBEITEN IM REMOTE-MODUS

Die Lernkurve der Unternehmen und Organisationen war während der Corona-Auszeit enorm. Die Bedenken, die früher viele Innovationen verhinderten, wurden ausgeblendet. Es ging einfach los. Die gesammelten Erfahrungen waren dann auch noch überraschend positiv und effizient. Die Bedenken vieler Arbeitgeber, dass Mitarbeiterinnen und

Mitarbeiter sich im Home-Office um alles außer ihre Arbeit und die zu erledigenden Aufgaben kümmern würden, wurde schnell von den Arbeitnehmern widerlegt. Die Zeit, die sonst der Arbeitsweg in Anspruch nimmt, konnten Angestellte jetzt schon am Bildschirm nutzen.

So können wir bereits einen ersten positiven Aspekt der Corona-Krise benennen, der sich vielleicht in wenigen Jahren als markanter Wendepunkt in unserer Ökonomie und Gesellschaft herausstellt. Wir lernen, dass Online-Netze die Infrastruktur und Logistik unseres gegenwärtigen und zukünftigen Wohlstands sind. Umso wichtiger, wenn nicht gar überfällig, ist das Versprechen der Bundesregierung, sich nach langwierigen Forderungen darauf einzulassen, jedem Bürger bis 2025 eine Internetleitung mit 50 Megabit bereitzustellen. Warum ist das nun so einfach? Unternehmen, Privatpersonen, Politik und Organisationen erkennen auf einmal den Wert des Netzes für ihr System. Es ist eine wichtige Infrastruktur der Kommunikation und des eigenen Geschäftsmodells. Viele mittelständische oder kleine Unternehmen sind jedoch auf den Zug der Digitalisierung noch nicht aufgesprungen und haben erst durch die Corona-Krise gemerkt, wo sie ansetzen müssen. Tun sie das nicht, droht ihnen die Auslese durch den digitalen Darwinismus.

LEBEN UND ALLTAG NEU DENKEN

Im Zuge der Corona-Krise mit ihren tiefen Einschnitten kommen wir nicht umhin, über Ökonomie, Ökologie, Gesellschaft und soziale Systeme nachzudenken. Wir müssen fragen: Wie könnte ein neues Wirtschaftssystem aussehen, in dem die Digitalisierung auch das Werkzeug und der Hebel zu mehr Nachhaltigkeit für uns alle sind? Wie organisieren wir ein System, in dem Plattformen an Wert gewinnen, die uns helfen Dinge zu teilen, statt zu besitzen? Wie können wir mithilfe künstlicher Intelligenz unsere Städte zu „Smart Cities" machen, die 70 bis 90 Prozent weniger Verkehr und Feinstaub produzieren und weniger Ressourcen und Energie verbrauchen werden? Was, wenn wir das Bahn- oder Flugticket nicht mehr ausdrucken, sondern nur noch als QR-Code auf unserem Handy haben? Dann brauchen wir weder den Drucker noch die Energie und das Papier, um das Ticket zu produzieren.

„Weniger Dinge" heißt auch weniger Rohstoffe, weniger Energieverbrauch, weniger Umweltbelastung. Wenn wir die Digitalisierung und den technologischen Fortschritt weiter denken, könnten wir auch die Thematik des Klimawandels, der Ressourcenknappheit und der zunehmenden Umweltzerstörung in den Griff kriegen. Bei allem Fortschritt sollten wir nicht naiv oder unkritisch gegenüber den neuen Technologien sein. Technologie ist weder gut noch böse. Technologie ist, was wir daraus machen. Technologie ist wie ein Messer. Ich kann damit das Brot für die Welt schmieren – oder jemanden töten. Lasst uns endlich anfangen, Gutes zu tun und die Dinge ganz neu zu denken!

Relevanz und Beziehung

Corona hat gezeigt, was Kindern und Jugendlichen fehlt, wenn sie nicht zur Schule gehen können. Es wurde aber auch deutlich, was getan werden kann und muss, um das Versprechen von Bildung umfassend einzulösen.

Von Susanne Gölitzer

Wir haben es dieser Tage häufig in öffentlichen Reden gehört: Die Schülerinnen und Schüler verpassten Lernstoff. Die Kinder entwickelten Wissenslücken. Es würde zu viel ausfallen, die Schülerinnen und Schüler könnten gar nicht nachholen, was sie alles versäumt hätten. Das Zutrauen in die Schule und ihre Stoff Vermittlungstätigkeit scheint in dieser Rede groß.

Allerdings ist das Gegenteil der Fall: Das Vertrauen in Schule und das, was sie individuell und gesellschaftlich leistet, ist offenbar gering, wenn drei bis vier Monate verändertes Lernarrangement genügen sollten, um nachhaltige Wissenslücken bei Heranwachsenden entstehen zu lassen. Aber die Rede vom verpassten Lernstoff offenbart noch ein anderes mangelndes Vertrauen: Das Vertrauen in unsere Heranwachsenden, die in der Zeit des veränderten Lernens unter Coronabedingungen anscheinend nicht das lernen, was sie lernen sollten. Vielleicht sogar gar nichts lernen?

Tatsächlich haben Kinder und Jugendliche in den vergangenen Monaten doch ganz wichtige Dinge lernen können. Und auch alle Lehrerinnen und Lehrer haben wichtige Erfahrungen machen können: Bereits nach wenigen Wochen der Schulschließung haben Eltern und Heranwachsende feststellen müssen, dass das Lernen zu Hause ganz anders funktioniert als das Lernen in der Schule. Viele Kinder und Jugendliche haben in einem Bruchteil der Zeit zu Hause das erarbeitet,

53

wofür sie in der Schule sehr viel mehr Zeit gebraucht hätten. Ein ruhiger und aufgeräumter Arbeitsplatz zu Hause, an dem sich die älteren Schülerinnen und Schüler die Zeit selbst einteilen konnten, förderte das Lernpensum. Hatte man Lust auf Mathematik, machte man Mathe; wenn man etwas zum Kolonialismus erarbeiten sollte, tat man das in Ruhe – und machte Pause, wenn einem danach war. Zu den verabredeten Zeiten traf man sich per Video mit Lehrerinnen und Lehrern (wenn man sich traf!), und in aller Regel fanden das die Schülerinnen und Schüler gut, weil sie mal wieder die anderen sehen und erfahren konnten, was Lehrerinnen und Lehrer von den Arbeitsergebnissen hielten.

SCHULE IST MEHR ALS EINE LERNANSTALT, SIE LEBT AUCH VOM VERTRAUEN

Sicher, in manchen Familien gab es erhebliche Schwierigkeiten mit der Orientierung und der Zeiteinteilung, mit einem ruhigen Arbeitsplatz oder der Disziplin, Aufgaben zu Ende zu bringen. Viele Eltern waren erstaunt, dass ihre Kinder nicht in der Lage sind, Aufgaben selbstständig zu erarbeiten; sie beobachteten, wie unkonzentriert und hilflos sie und ihre Kinder angesichts der schulischen Erfordernisse waren. Es fehlte diesen Kindern und Jugendlichen offenbar das, was Schule zu einem ganz wesentlichen Anteil ausmachen kann: Die Peergroup, die dafür sorgt, dass man sich orientieren kann, die Erwachsenen, die genau wissen, wie man etwas erklärt oder wo man Hilfe erhält, und ein Klassenraum, der entsprechend der Lernbedürfnisse eingerichtet und organisiert ist. Vielleicht fehlte auch der geregelte Alltag, in dem es Spiel und Quatschpausen gibt.

Unter den Bedingungen eines eingeschränkten öffentlichen Lebens und einer eingeschränkten Bewegungsfreiheit aller Familien machten Kinder und Jugendliche in dieser Zeit noch ganz andere Erfahrungen: Sie lernten die Ängste der Erwachsenen kennen und deren Uneinigkeit in Fragen gesellschaftlicher Regelungen; sie lernten viel über Viren und Erkrankungen, über Statistiken und Politik; sie lernten, dass es Situationen gibt, die keine einfachen Antworten kennen; und sie hörten viele Antworten auf die Frage, was gesellschaftlich wirklich relevant sei.

Wenn Kinder und Jugendliche Erwachsene an ihrer Seite hatten, die ihnen geduldig erklärten, was sie selbst gerade nicht verstanden und durchmachten, die ihnen halfen, den Tag zu strukturieren und die Informationen zu ordnen, dann hatten sie Glück und konnten zu Hause weiter Matheaufgaben erledigen. Und irgendwann werden sie diese existenziellen Erfahrungen der Corona-Zeit sicher so sortieren können, dass sie diese Zeit gut einordnen können. Es gibt aber auch Kinder und Jugendliche, die darauf angewiesen sind, dass genau dies in der Schule geschieht: gemeinsam Fragen stellen, gesellschaftliche Phänomene beschreiben, fachliche Fragen in einen größeren Zusammenhang einordnen, philosophische und weltanschauliche Fragen plural beantworten und vieles mehr.

Die Schule ist einer der wenigen Orte, an denen Kinder und Jugendliche aus allen gesellschaftlichen Schichten zusammentreffen. Und genau dies ist unter Corona noch einmal besonders deutlich geworden: Schule ist ein Ort der Sozialisation und der Kulturalisierung. Schülerinnen und Schüler machen hier Erfahrungen, die sehr viel mehr sind als fachliches Lernen. Lernen in der Schule ist zu einem hohen Anteil ein Erwerb verschiedener hochkomplexer sozialer, kultureller, persönlicher und fachlicher Fähigkeiten, die sich erst im Zusammenspiel ausbilden und zeigen.

Deswegen ist Schule heute viel mehr als eine Lernanstalt. Man spricht auch von Lern- und Erwerbsprozessen, die in der Schule ihren besonderen Ort haben können. Erwerbsprozesse sind komplex und gebunden an vertrauensvolle Beziehungen. Kinder und Jugendliche brauchen zum Lernen und zum Erwachsenwerden andere Kinder und Jugendliche, Lehrerinnen und Lehrer, Sozialpädagogen, Erzieherinnen und Erzieher, Köchinnen und Köche, Hausverwalter, Sekretärinnen und viele andere Erwachsene. Sie brauchen eine Kultur, die Musik, Kunst, Spiel, Freizeit und Fachliches umfasst, sie brauchen einen Raum, in dem sie nicht nur Tochter und Sohn sind, sondern eine Rolle haben, die sie unterschiedlich ausfüllen können, sie brauchen andere Erwachsene, die als Rollenmodelle zur Verfügung stehen, sie brauchen Räume, in denen sie sich nicht familiär, aber dennoch vertraut bewegen und entfalten können. Sie brauchen Zeit für sich allein, auch in der Schule, sie brauchen mehr Zeit, um sich den Fragen und Anforderungen wirklich stellen zu können und Ansprechpartnerinnen und -partner, die ihnen nicht über die Schulter schauen, sondern ansprechbar sind, wenn sie es wollen.

Genau das hat man unter Corona, weil die Schule ausgefallen ist, beobachten können: Kinder und Jugendliche brauchen Eigenzeit zum Lernen und sie brauchen das tägliche Zusammensein mit anderen Kindern und Jugendlichen. Denn gerade emotionale und soziale Kompetenzen müssen erworben werden, wenn man Meister in einer Sache werden will: Man muss Durchhaltevermögen entwickeln, in irgendeiner Weise auch fleißig sein, man muss Geduld mit sich und den anderen entwickeln, man muss seine Aufmerksamkeit fokussieren können. Auch Freude an einer Sache muss man in der Regel erst entwickeln. Manchmal scheint es einem zuzufallen, aber meistens muss man sich durch verschiedene Phasen der Motivation durcharbeiten.

Positive Beziehungen zu Lehrerinnen und Lehrern oder Mitschülern und ein emotionales Erleben gehören immer als wichtige Voraussetzung zum erfolgreichen Lernen dazu. Alle Erwachsenen haben in ihrer Bildungsgeschichte die Erfahrung gemacht, dass Lehrerinnen und Lehrer ein Interesse wecken oder töten konnten, dass das eigene Interesse an einer Sache durch andere Freundinnen und Freunde erst geweckt oder wieder eingeschläfert wurde. Die Beziehungen sind gewissermaßen die Treiber für den kognitiven Lernprozess und machen ein Lernen für Kinder und Jugendliche erst bedeutsam. Etwas auswendig lernen kann jeder auch zu Hause. Wirklich verstehen, warum die Dinge so sind, wie sie sind, kann man nur in einem längeren und gemeinsamen Prozess, in dem auch die eigenen Erfahrungen aufgehoben sind.

Die Voraussetzung für einen glückenden komplexen Lernprozess ist also nicht die lückenlose Teilnahme am Unterricht. Die Voraussetzung für einen glückenden komplexen Lernprozess ist vielmehr, dass das, was erworben werden soll, bedeutungsvoll wird für den Lerner und die Lernerin. Wenn Kinder besondere Freude an Minecraft entwickeln, eigene und fremde Welten im Computerspiel aufbauen, tun sie das nicht nur deshalb, weil sie sich selbst als besonders kompetent erleben, sie tun das auch deshalb, weil Freunde und Freundinnen ihnen Anerkennung zollen und sie sich über diese Spielwelten austauschen können.

Für die schulisch vermittelten Fragen und Gegenstände gilt etwas Ähnliches: Kinder und Jugendliche müssen sich in dem Prozess des Erwerbs immer wieder kompetent erleben und das tägliche soziale Miteinander muss positiv erlebt werden. Angst und Misserfolg sind Lernkiller. Aber auch ein Unterricht, der sich an einem mittleren Lerntempo orientiert und in dem alle zur gleichen Zeit das Gleiche machen, obgleich Schülerinnen und Schüler unterschiedliche Voraussetzungen mitbringen und verschiedene Lernwege haben, ist ein Lernkiller. Lernen muss für Kinder und Jugendliche einen Sinn haben, es muss bedeutungsvoll sein und es muss für jeden vorangehen. Wer unter Coronabedingungen einen Unterricht, der nicht bedeutungsvoll ist, verpasst, verpasst nichts Relevantes.

Noch etwas ist durch Corona deutlich geworden, das wir uns bewusst machen sollten. Schule gibt in einer demokratischen Gesellschaft ein Versprechen ab: Alle Kinder – egal welcher Herkunft, egal mit welcher intellektuellen Ausstattung – dürfen in der Schule lernen und an Erwerbsprozessen teilhaben. Schule macht nicht das Versprechen, dass alle Kinder gleich erfolgreich oder überhaupt erfolgreich sein werden, sondern sie ist ein gesellschaftlicher Garant dafür, dass jedes Kind seine Chance bekommt, Rechnen, eine Sprache sprechen, selbstständig arbeiten zu lernen, aber auch Weltanschauungen zu verstehen und mit anderen zusammenzuarbeiten.

Es ist nach allen internationalen und nationalen Studien und Untersuchungen hinreichend bekannt, dass die Schulen in Deutschland das Lernen und die komplexen Erwerbsprozesse mit unterschiedlichem Erfolg begleiten und dass hier erheblicher Nachholbedarf besteht im dreigliedrigen Schulsystem. In einer Organisationsform von Schule, in der im Gleichschritt und im 45-Minuten-Takt fachliche Teil-Happen serviert werden, die Schülerinnen und Schüler aufschnappen müssen, um das Verdaute anschließend wieder von sich geben zu können, ist schon lange ein erheblicher Prozentsatz von Kindern und Jugendlichen abgehängt. Und das betrifft nicht nur jene, die aufgrund ihrer sozialen Ausgangsbedingungen keine guten Leistungen in der Schule zeigen. Das betrifft auch einen erheblichen Anteil der Gymnasialschülerinnen und -schüler, die irgendwann einmal so leistungsstark waren, dass sie den Sprung auf das Gymnasium geschafft haben, dann aber

im Laufe der Zeit zwischen dem 5. und dem 13. Schuljahr „abgeschult"
und „querversetzt" werden. Und davon gibt es eine Menge. Es ist also
höchste Zeit zu fragen, welche Art Schule Kinder und Jugendliche
brauchen – und welche Art Lernerfahrungen sie auf keinen Fall in der
Schule verpassen sollten.

Durch Corona ist sehr deutlich geworden, was Kindern und Jugendlichen ohne Schule fehlt und wie Schule sich verändern kann
und muss, damit Lehrerinnen und Lehrer die komplexe Aufgabe der
Bildung für alle besser gestalten können. Die Kinder und Jugendlichen
brauchen eine kompetente Rückmeldung zu ihrem ganz individuellen
Lernprozess und Arbeitsergebnis. Über Video- und Telefonkonferenzen haben Lehrkräfte und Schülerinnen und Schüler den Wert einer
individuellen Beratung noch einmal deutlich erfahren. Viele befragten
Eltern haben genau dies als wichtigstes Angebot der Schule beschrieben: die Beratungszeit auch in der Krise.

Schulen, die auch vor Corona schon vielfältige Formen des selbst-
ständigen Lernens erprobt und in Projektform gearbeitet haben, konnten die Erfahrung machen, dass Kinder und Jugendliche auch ohne
Notendruck zu Hause gearbeitet haben. Selbstverständlich mussten
Schülerinnen und Schüler und Lehrkräfte gleichermaßen erst mal lernen, mit der neuen Situation des „Homeschoolings" zurechtzukom-
men. Es dauerte bei den meisten Schulen etwas, bis die richtige App
für Videokonferenzen gefunden und das Unterrichtsmaterial auf den
Schulportalen ansprechend organisiert war. Aber die Lerngeschich-
ten einiger Schulen erzählen Erstaunliches: Kinder und Jugendliche
schrieben Tagebuch, sie machten sachhaltige Filme, teilten sich die
Zeit gut ein und gaben tolle Hefte ab, sie lernten Vokabeln und trafen
sich freiwillig mehrmals in der Woche mit Lehrerinnen und Lehrern.

Wie gesagt, einige Schülerinnen und Schüler arbeiteten zu Hause
lieber und besser für die Schule als zuvor in der Schule. Sollte man
nicht genau diese Erfahrung auch für die Zukunft nutzen und Schülerinnen und Schüler häufiger fragen, wo sie arbeiten möchten, um zu
einem guten Ergebnis zu kommen?

Diese hier nur kurz umrissenen Erfahrungen passen zu den Lern-
kulturen einiger Schulen, die bereits vor Corona stark individualisiert
gearbeitet haben. Schülerinnen und Schüler arbeiten auf verschiede-

nen Niveaus, ihre Eigeninitiative wird gefördert, Freiheiten werden produktiv genutzt, Zusammenarbeit ist großgeschrieben, die unterschiedlichen Felder, auf denen Schülerinnen und Schüler Leistungen zeigen können, sind nicht allein auf Mathematik, Deutsch, Englisch und Naturwissenschaften reduziert, sondern Leistung wird ganzheitlich gesehen und differenziert zurückgemeldet, Lehrkräfte haben Zeit für Beratung, die Themen des Unterrichts knüpfen an echten Problemen der Welt an, die Schule bietet verschiedene Möglichkeiten, sich zu engagieren und den Lernalltag mitzugestalten. Das sind alles Erfahrungen, die unsere Kinder und Jugendlichen auf keinen Fall versäumen sollten.

NACH DEM ERSTEN SCHOCK ORIENTIERTEN SICH AUCH VIELE LEHRKRÄFTE NEU

Für die Gestaltung von Schule als einem Ort der Sozialisation und Kultur brauchen Lehrerinnen und Lehrer mehr Zeit, um sich der Schulentwicklung zu widmen. Inklusion, Vielfalt, Differenzierung, sprachliche und politische Bildung, Digitalisierung – all dies braucht die Aufmerksamkeit von Kolleginnen und Kollegen, die gemeinsam diskutieren, verhandeln, besprechen und ausprobieren müssen. Nach einer kurzen Zeit des Schocks orientierten sich auch die Lehrkräfte unter Corona an einigen Schulen neu: Sie trafen sich häufiger, um über die Weiterentwicklung der Schule zu debattieren, haben Video- und Telefonkonferenzen genutzt, um an Schulentwicklungsvorhaben weiterzuarbeiten.

Aus diesen positiven Entwicklungen unter Corona kann man für die Schulentwicklung in Deutschland wichtige Schlussfolgerungen ziehen: Geben wir den Lehrerinnen und Lehrern doch mehr Zeit zur Unterrichts- und Schulentwicklung und lassen wir sie überlegen und ausprobieren, welche Lernangebote zu welchen Kindern und Jugendlichen passen. Lasst uns Deutschland in ein Lernlabor verwandeln, in dem Kinder und Erwachsene wieder Lust haben, Relevantes zu lernen. Dafür müssen die Lehrerarbeitszeit und die Schulzeit neu berechnet werden.

Schul- und Unterrichtsentwicklung ist eine der vornehmsten Aufgaben von Lehrerinnen und Lehrern. Schülerinnen und Schüler müssen in den Prozess der Entwicklung von Unterricht mit einbezogen werden. Auch das gehört zum Lernen dazu: Die Bedingungen, unter denen ich lernen will, sollten je nach Alter und Entwicklungsmöglichkeit eines Kindes mitbestimmt werden. Wie in einer Art Labor müssen Schülerinnen und Schüler verschiedene Wege ausprobieren und verlassen dürfen, Arbeitspartner selbst wählen und Beratung bei fachlichen und individuellen Fragen suchen können. Wie in einem Labor, müssen Lehrerinnen und Lehrer wirkungs- und bedeutungsvolle Lernsettings gemeinsam entwickeln, auswerten und weiterentwickeln dürfen. Wenn wir diese Erfahrungen der letzten Monate nicht ordentlich auswerten, verpassen wir viel mehr als ein paar Stunden Mathematik.

Die Stunde der Frauen

Die Welt ist verkehrt, Corona macht sie noch ungerechter. Doch die Krise könnte neuen Schwung bringen für einen solidarischen Feminismus. In der Corona-Krise können Frauen ihre Forderungen klarer denn je erheben. Und den Aufbau einer anderen Gesellschaft entscheidend prägen.

Ein Aufruf von Jagoda Marinic

Wie wäre diese Krise verlaufen, wenn Angela Merkel nicht nur zwei, sondern 15 Ministerpräsidentinnen in Deutschland zur Seite gestanden hätten? Das ist die Fragestellung, die hinter diesem Projekt steckt. Die Idee dazu hatte ich während eines Livestreams mit Nils Minkmar, in dessen Verlauf wir auch über Frauen und Corona sprachen: „Was hätte in den Empfehlungen der Leopoldina gestanden, wenn man mehr Frauen einbezogen hätte? Sollten Frauen eine Leopoldina für Frauen gründen?", fragte ich.

Auf Twitter wurde das Gedankenspiel begeistert aufgenommen, umgehend schrieben Twitterer die Namen von Frauen ins Netz, deren Gedanken zur Krise sie gerne hören würden. Es scheint viele Menschen zu geben, die nur darauf warten, Frauen zu nennen, von denen sie etwas zur Krise hören möchten. Das kann man sich angesichts der männlichen Dominanz in dieser Krise kaum vorstellen. Daher habe ich mich von der Begeisterung auf Twitter inspirieren lassen und elf Frauen des öffentlichen Lebens gefragt: „Wenn die Pandemie eine Krise für die Frauen ist, was ist euch jetzt wichtig? Welche Empfehlungen würdet ihr an die Regierungen oder an die Gesellschaft richten?"

Frauen aus unterschiedlichen gesellschaftlichen Bereichen haben geantwortet – und unsere Thesen und Gedanken zur Corona-Krise

sollen ein Beitrag zu einer Debatte sein, wie die Bundesrepublik sie derzeit braucht. Eine Debatte, in der vermehrt auch die Stimmen von Frauen Gehör finden – und die Bedürfnisse von Frauen ins Blickfeld rücken.

Im Moment überwiegt Alarmismus beim Thema Frauen. Das ist wichtig, denn wer jetzt nicht schreit, wird schnell vergessen. Das Horrorszenario „Backlash" wird seit Wochen an die Wand gemalt. Wie viele Jahrzehnte fallen wir zurück? Es geht um die Erfolge einer ganzen Generation Feministinnen. Erste Studien belegen die Tendenz zu „Retraditionalisierung". Diesen Schockmoment können wir nutzen, um mehr als den Erhalt des Status quo zu fordern. Ich habe eine Utopie und hoffe, mit ihr diesem ersten Schock etwas entgegensetzen zu können: Statt nur den Backlash in die Fünfzigerjahre zu verhindern, sollten Frauen versuchen, in dieser Krise Fortschritte für den Feminismus einzufordern.

In extremen Krisenzeiten wird Gesellschaft neu organisiert. Notgedrungen werden staatliche Maßnahmen neu verhandelt. Themen stehen auf der Tagesordnung, für die man im Normalmodus oft Monate oder gar Jahre braucht, um sie überhaupt auf die Agenda der politischen Entscheider*innen zu heben. Natürlich fällt man zunächst in alte Gewohnheiten zurück. Doch der Schock darüber könnte Frauen auch zum Gegenteil bewegen: Wenn jetzt Kinderbetreuung neu ausgehandelt wird, dann nicht ohne uns Frauen! Corona-Elterngeld? Bitte nur paritätisch, so zumindest lautet eine Forderung der Frauen, die sich an diesem Projekt beteiligt haben.

Was bislang schlecht funktionierte, funktioniert nun gar nicht mehr. Es ist an uns, diese Missstände, da sie wie unter einem Brennglas sichtbar werden, anzuprangern. Die Rollenverteilung in Beziehungen muss neu ausgehandelt werden, auch bei Paaren, die das sonst meiden. Zu viele Frauen erleben gerade schmerzhaft: Das Verhältnis zwischen Männern und Frauen ist nicht von Natur aus, wie es ist, sondern weil die Gesellschaft und die Art, wie Gesellschaft sich organisiert, die Geschlechter in diese Rollen zwängt. Die Corona-Maßnahmen spiegeln dabei die Leitbilder unserer Gesellschaft wider. In Dänemark öffneten die Kitas als Erste, weil Gleichstellung kein Feigenblatt ist und Kinder nicht bloß Frauensache. Man darf sicher sein: Wenn die Care-Arbeit zu größeren Teilen an Männern hängen bliebe, würde hier schnell für Lösungen gesorgt.

Der Backlash, den Corona forciert, ist leider nicht ganz neu. Schon vorher war eine Rückkehr in traditionelle Frauenrollen zu beobachten, sank die Zahl der Frauen in deutschen Parlamenten, wurde angesichts der neuen Rechten vor einem Backlash für die Frauenbewegung gewarnt. Aber: Warum sollten wir stehen bleiben bei einem Schreckensszenario? Es gibt auch jetzt Frauen, die Kraft genug haben, für sich und für andere einzustehen. Die Corona-Krise könnte der Beginn eines solidarischeren Feminismus sein. Nicht „Retraditionalisierung", sondern „Repolitisierung" sollte jetzt zum Hauptschlagwort des Feminismus werden.

Ich danke jeder einzelnen Frau, die eine These oder einen Gedanken zu diesem Projekt beigesteuert hat und somit in die Debatte gibt. Unsere Thesen werden von manchen für wichtig befunden werden, von anderen für nichtig. In Zeiten von Hate Speech den Mut zu finden, in die öffentliche Arena zu treten, auch darum geht es. Meine frauenpolitische Forderung in der Corona-Krise lautet daher: Öffentlich-rechtliche Sender sollen die nächsten 18 Monate alle 14 Tage Bericht erstatten, wie viel Sendezeit sie Frauen vor und hinter den Kameras ermöglicht haben. Durch die Krise werden so mehr Frauen im öffentlichen Diskurs hörbar und formulieren ihre Anliegen. Wenn uns das auf mehreren Feldern gelingt, könnte man für den Feminismus sagen: Wir haben diese Krise zu einer Chance für die Frauen gemacht.

Den Aufruf unterstützen zahlreiche prominente Frauen:

MARYLYN ADDO

„In der aktuellen Debatte halte ich es für besonders wichtig, der Bevölkerung transparent und sachlich die derzeitige Situation zu erklären. Obwohl meiner Wahrnehmung nach ein Großteil der Bevölkerung der Wissenschaft vertraut, beobachte ich doch mit Sorge die Zunahme an Fake News – vor allem in den sozialen Medien. Als Ärztin und Wissenschaftlerin konzentriere ich mich auf evidenzbasierte Fakten und

kommuniziere diese, so oft es geht, um dieser Entwicklung entgegen-
zuarbeiten.“

GEORGINE KELLERMANN

„Bei mir dreht sich die Diskussion mit mir selbst gerade um ‚Vertrauen‘.
Vertrauen in mich selbst, in andere, die mehr wissen als ich. Sehr beeindruckt hat mich in den letzten Wochen die Infektiologin Marylyn
Addo. Weil ich sie für sehr kompetent halte und weil sie ein sehr herz-
liches, strahlendes Wesen hat. Ihr vertraue ich. Und natürlich Angela
Merkel. Mehr als allen männlichen Politikern, die gerne aus ihren Auf-
tritten auch ein Schaulaufen machen. Meine These wäre: Vertrauen ist
irre wichtig.“

ANNETT GRÖSCHNER

„Die Pandemie zeigt in aller Deutlichkeit, was mich als ostsozialisierte
Feministin schon seit 1990 an dieser Gesellschaft zweifeln lässt: Wenn
es drauf ankommt, fällt dieses Land in Sachen Gleichstellung in den
1950er-Jahre-Modus der alten BRD zurück. Wären Kinder Autos oder
Flugzeuge, hätte es längst schon einen Gipfel für sie im Kanzleramt
gegeben. Kinderbetreuung ist keine Privatsache, sondern Aufgabe der
Gesellschaft. Care-Arbeit nur auf den Balkons klatschend zu belohnen,
anstatt sie angemessen zu bezahlen, ist zynisch. Wir brauchen einen
neuen Gesellschaftsvertrag, solidarisch, klima- und kinderfreundlich.“

PAULA VILLA BRASLAVSKY

„Care-Tätigkeiten – die Sorge, das Sich-Kümmern – halten das System
am Laufen, im Allgemeinen und nun in der Pandemie im Besonderen.
Care ist traditionell weiblich konnotiert. In der Figur der Hausfrau
wird Care in höchsten Sonntagsredentönen gelobt – derzeit auch gern
von Balkonen beklatscht – und zugleich skandalös ausgebeutet. Care-
Tätigkeiten sind schlecht bezahlt und schlecht abgesichert. Das muss
sich ändern. Dringend und nachhaltig. Wir müssen Gesellschaft und
Politik am Leitbild der Ermöglichung von Care ausrichten, für alle.

Denn alle Menschen haben das Recht, Care zu erhalten und zu geben; Care ist Arbeit, Care ist auch Lebenssinn und Glück. Dafür braucht es Zeit, Geld, Ressourcen."

MARIA FURTWÄNGLER

„Um gut durch die Pandemie zu kommen, braucht es gesellschaftliches Miteinander auf Augenhöhe. Das heißt auch: Männer sehen, dass Geschlechtergerechtigkeit auch für sie einen Mehrwert bringt, und machen den Frauen Platz: an Entscheidungstischen und in Expertisekreisen. Sichtbar sein und mehr noch: sichtbar machen heißt für die Verantwortlichen in den Medien auch, Frauen in diesen Wochen vor die Kameras zu holen, wenn es um Expertise und Deutungshoheit geht."

BASCHA MIKA

„Corona hat die schreiende Ungerechtigkeit zwischen Männern und Frauen nicht hervorgebracht, nur ins Rampenlicht befördert. Diese Aufmerksamkeit müssen wir nutzen. Ein neuer Geschlechtervertrag muss her!"

HEDWIG RICHTER

„Corona bietet das Schauspiel der Wissenschaft: Wenig ist bekannt, die Suche nach Wahrheit ist aufregend, Argumente, werden getauscht, Erkenntnisse gewonnen, Positionen revidiert. Viele der großen Intellektuellen aber staksen mit holistischen Welterklärungen durch die Welt, zornig zumeist, weil sie nicht wahrhaben wollen, dass die Empirie eines Virus sie herausfordert. Sie sollen sich die Hände waschen, wo sie doch angetreten sind, die Welt zu retten!"

CHRISTINA HÖLZEL

„Wir brauchen mehr Ambiguitätstoleranz im Umgang mit der Coronavirus-Pandemie – mehr von der Fähigkeit, Ungewisses, Mehrdeutiges auszuhalten. Als Gesellschaft, aber gerade auch als Naturwissenschaftler*innen. Naturwissenschaftliche Forschung wird von Hypothesen geleitet, die es zu be- oder widerlegen gilt. Das verführt zu binärer, vereinfachter Darstellung: Wir versuchen, die Welt in Begriffen von „wahr"/„falsch" zu beschreiben, als sei sie ein Puzzle, das man eindeutig lösen kann. Die Wirklichkeit ist aber widersprüchlich und mehrdimensional. Wir brauchen mehr interdisziplinäres Ringen um Lösungen – weniger Wettstreit um die eine, einzige Wahrheit."

MARGRETHE VESTAGER

„Wir haben schon früher versucht, langsamer zu werden. Doch nie gab es einen Lockdown, absoluten Stillstand. Die Welt vor Corona hatte ihre Vorzüge, aber auch Mängel, Schieflagen und unerfüllte Versprechen. Versprechen von Bildung, Gesundheit, reiner Luft und sauberem Wasser – um nur einige zu nennen. Und natürlich: Geschlechtergerechtigkeit. Wir brauchen mehr als nur Versprechungen. Wir brauchen ihre Erfüllung. Also lasst uns unsere Gesellschaften erneuern! Grüner werden, digitale Tools bestmöglich nutzen. Und sicherstellen, dass jene Bereiche, in denen viele Frauen arbeiten, beim Wiederaufbau dieselbe Aufmerksamkeit erhalten wie andere Bereiche. Das wäre wirklich neu."

NADJA ERB

„Jetzt sind es wieder die Frauen, die sich um die Kinder kümmern. Die Krise zeigt: Zwei ‚Vätermonate' reichen nicht, um jahrhundertealte Rollenmuster zu durchbrechen. Elternhilfen dürfen deshalb in Zukunft nur noch paritätisch gewährt werden. Egal ob Elterngeld oder Steuervorteile – die volle Unterstützung bekommt nur, wer die Sorgearbeit gleichberechtigt innerhalb der Partnerschaft aufteilt. Wir müssen endlich Strukturen ändern, um neue Muster zu schaffen."

MAREN KROYMANN

„Die Krise verstärkt jeden Konservatismus und trifft Frauen härter als Männer – schon weil sie krass schlechter bezahlt werden. Deshalb müssen wir gerade jetzt dafür kämpfen, dass Frauen und Männer einen gleichberechtigten Zugang zu allen Entscheidungspositionen und Ressourcen bekommen. Müssen wir wirklich noch beweisen, dass wir's können?"

Von der Solidarität profitieren

Corona lenkt den Blick auch auf die Frage: Wie würden wir zusammenleben und mit der Natur interagieren, wenn sorgende Tätigkeiten das Zentrum der Gesellschaft bildeten? Ein erster Schritt wäre eine neue Arbeitsteilung.

Von Nilda Inkermann, Laima Eicke und Jonas Lage

I n Zeiten von Corona scheint die Sorge um menschliches Leben im Zentrum zu stehen. Sie ist zur obersten Maxime von vielen politischen, unternehmerischen und individuellen Entscheidungen geworden. Was wäre, wenn dies von Dauer wäre? Wie würden wir leben in einer sorgenden, solidarischen Gesellschaft? Wir wagen ein Gedankenexperiment.

Die gegenwärtige Situation verändert unsere Wahrnehmung von „Systemrelevanz". Unsere Gesellschaft stellt sorgende Tätigkeiten, also all jene, die dazu dienen, das menschliche Leben zu erhalten und zur Entfaltung zu bringen, auf einmal über Profitmaximierung. Dadurch wird uns allen bewusst, wie viel wir Putzkräften, Pfleger*innen, Kassier*innen, Bus-, Bahn- und Lkw-Fahrer*innen verdanken. Auch Arbeitsminister Hubertus Heil (SPD) sieht „gerade ganz viele Heldinnen und Helden des Alltags", die zuvor von vielen, auch in der Politik, unbeachtet blieben. Nun wird für sie geklatscht – manche erhalten Bonuszahlungen. Im Fall von Pflegekräften und Erntehelfer*innen werden Ausnahmen im Reisestop gemacht – schlichtweg, weil unsere Gesellschaft zusammenbrechen würde, wenn wir diese Sorgetätigkeiten von heute auf morgen nicht mehr an billige Arbeitskräfte aus dem Ausland auslagern könnten. Privilegien und Profite der kapitalistischextraktivistischen Wirtschaft basieren auf der Ausbeutung und Auslagerung von sorgenden Tätigkeiten und sind im Alltag meist unsichtbar. Doch Corona verändert gerade eingespielte Normalitäten. Einige, meist Mütter, müssen im Privaten das abfedern, was zuvor Lehrer*innen, Erzieher*innen, Kantinenmitarbeitende oder Putzkräfte geleistet haben: Denn nun ist aus dem Homeoffice die Lohnarbeit zu verrichten, das Mittagessen zu kochen, einkaufen zu gehen und zu putzen. Diese zusätzlich in den privaten Raum verlagerte Sorgearbeit ist extrem ungleich verteilt und findet weiterhin wenig anerkennende Worte von Politiker*innen. Und wird auch nicht mit Bonuszahlungen oder gar einem Rechtsanspruch auf Sonderurlaub bedacht. Unsichtbar bleiben auch die Menschen, die sich momentan nicht in sichere eigene vier Wände zurückziehen können, die auf engem Raum in Geflüchtetenlagern, in Gefängnissen, in Slums der globalen Megastädten wohnen, die ohne Wohnung leben oder unter sprunghaft ansteigender häuslicher Gewalt leiden.

In Zeiten von Corona entstehen außerhalb der eigenen vier Wände neue, sorgende Praktiken: Nachbar*innen kaufen füreinander ein und schaffen private Hilfsnetzwerke auch für die, die kein Zuhause haben, auf den Straßen wird Fußgänger*innen und Radfahrer*innen mehr Platz eingeräumt, bürokratische Prozesse werden digitalisiert und vereinfacht. Der Staat sorgt sich mehr um die Bedürfnisse seiner Bürger*innen als um die „schwarze Null". Luxusparfüm-Hersteller und Brauereien produzieren nun Desinfektionsmittel und Autohersteller Beatmungsgeräte. Sie richten ihre Produktion nach gesellschaftlichen Bedürfnissen aus, anstatt neue Bedürfnisse zu kreieren, um ihre Gewinne zu steigern. Was wäre, wenn wir sorgende Tätigkeiten dauerhaft ins Zentrum unserer Gesellschaft stellten? Wie würden wir leben, arbeiten, miteinander und mit der Natur interagieren? Die Grundlage des Lebens sind sorgende Tätigkeiten: Wir alle sind abhängig von anderen Menschen und von der Natur. Trotz dieser scheinbar einfachen Erkenntnis untergräbt das vorherrschende Wirtschaftssystem die Grundlagen unseres (Zusammen-)Lebens, in dem sorgende Tätigkeiten auf familiäre und verwandtschaftliche Beziehungen ausgelagert werden und Menschen, die Sorgearbeit leisten, ausgebeutet werden.

SORGEARBEIT IM ZENTRUM DER GESELLSCHAFT

Wir benötigen neue gesellschaftliche Rahmenbedingungen, um den Erhalt und die Entfaltung menschlichen Lebens ins Zentrum zu stellen – eine neue Arbeitsteilung ist ein Schlüssel hierzu. Sorgende Berufsgruppen, Pfleger*innen, Erzieher*innen, Lehrer*innen, Putzkräfte, Erntehelfer*innen, Landwirt*innen und weitere wären die zentralen „Leistungsträger*innen", mit attraktiven Arbeitsbedingungen. Diese würden nicht an einer Profitlogik, sondern am Gemeinwohl ausgerichtet: viel Personal, kleine Gruppen, genug Zeit für zwischenmenschliche Interaktion und intakte und gut ausgestattete Infrastruktur. Diese wäre in Krisenzeiten wie der aktuellen Corona-Pandemie potenziell widerstandsfähiger: In Kleingruppen könnten Betreuungsangebote aufrechterhalten werden, insbesondere für diejenigen, die auf staatliche Hilfe angewiesen sind, weil das Zuhause nicht der Ort ist, an dem sie lernen möchten oder ausreichend versorgt sind.

In Zeiten von globaler Überproduktion, die eine massive Überlastung unserer natürlichen Ressourcen nach sich zieht, besteht eine große Chance darin, die Lohnarbeitszeit kontrolliert zu verkürzen und neu auf verschiedene Lebensbereiche zu verteilen. Die Soziologin Frigga Haug schlägt vor, Arbeitszeit gleichmäßig zwischen Sorgearbeit, politischem Engagement, kulturellem Schaffen und Erwerbsarbeit aufzuteilen. Dadurch hätten alle Zeit, sich an sorgenden Tätigkeiten zu beteiligen. Manche Berufe würden in einer sorgenden Gesellschaft dagegen an Bedeutung verlieren, weil ihr Nutzen primär darin besteht, Profite zu maximieren, ohne einen gesellschaftlichen Mehrwert zu kreieren. Ein bedingungsloses Grundeinkommen könnte Menschen die Freiheit geben, ohne Lohnabhängigkeit zu entscheiden, wie sie sinnvoll tätig sind. Durch dieses wäre die eigene Existenz weniger von Konjunkturzyklen abhängig und wesentlich krisenresistenter.

KONVERSION – PRODUKTION NEU AUSRICHTEN

Auch unternehmerisches Handeln würde sich in einer sorgenden Gesellschaft nicht mehr an der Profitsteigerung, sondern an der Sorgelogik orientieren. Manche Produkte würden aus den Regalen verschwinden – neue Angebote, die dazu dienen, Leben zu erhalten und zur Entfaltung zu bringen, würden wachsen – genauso, wie wir es aktuell in der Umstellung der Produktion von Kosmetikherstellern, Automobilfirmen und Brauereien beobachten können. Gerade angesichts der Klimakrise müssen wir uns fragen, welche Betriebe und Branchen wir brauchen und wie zukunftsunfähige Konzerne ihre Produktion sozial gerecht wandeln können. Dabei sollten Beschäftigte die Möglichkeit bekommen, an der Neuausrichtung der Unternehmen mitzuwirken.

Ein Beispiel für einen solchen Prozess bot Mitte der 1970er Jahre der britische Rüstungskonzern Lucas Aerospace, in dem Arbeiter*innen einen Plan zur demokratischen Konversion des Unternehmens entwickelten. Sie traten ein für das Recht „auf Arbeit an vernünftigen Produkten [...], um die wirklichen Probleme der Menschen zu beseitigen, statt sie zu erzeugen". Statt Raketenteilen wollten sie lieber Dialysegeräte und Hybridmotoren entwickeln. Aktuell macht sich unter anderem ein Bündnis zwischen der Gewerkschaft IG Metall und den Umweltverbänden Nabu und BUND für die Konversion des Energie- und Mobilitätssektors stark. Gefordert wird eine sozial-ökologische Energie- und Mobilitätswende unter demokratischer Beteiligung der Bürger*innen. Anknüpfend daran könnten in der aktuellen Corona-Krise staatliche Investitionen und Konjunkturpakete diese Prozesse beschleunigen, indem sie „Zukunftsfähigkeit" und „Enkeltauglichkeit" als Maßstab für Hilfsleistungen heranziehen und nur Unternehmen unterstützen, die zumindest Reformpläne und Ziele darlegen, wie die Unternehmen in demokratischer Weise zum Gemeinwohl und den Pariser Klimazielen beitragen.

SORGE FÜR DIE MITWELT

Der Zustand der Natur ist systemrelevant, um ein gerechtes, zukunftsfähiges Leben auf unserer Erde für alle zu ermöglichen. Die Klimakrise, die sich auch durch einen drohenden Dürresommer bemerkbar macht, führt uns unsere Abhängigkeit schmerzhaft vor Augen. Eine sorgende Gesellschaft betrachtet die Natur nicht als Müllhalde und Ressourcenlager, sondern erkennt sie als Mitwelt an.

Nicht nur der Klimawandel, auch die Entstehung von Pandemien zeigt, dass eine sorgende Gesellschaft auch zu ihrem Selbstschutz ein anderes Verhältnis zur Mitwelt pflegen muss. So hängt die Ausbreitung des Coronavirus, aber auch vieler anderer Viruserkrankungen wie HIV oder Ebola, eng mit Biodiversitätsverlusten, Massentierhaltung und der Zerstörung natürlicher Lebensräume von Tieren zusammen. Eine sorgende Gesellschaft wendet die Logik des Lebenerhaltens und Lebenentfaltens nicht nur auf Menschen, sondern auch auf die Natur an. Die Abhängigkeit der Menschen von endlichen Ressourcen und planetaren Grenzen wird anerkannt. Dementsprechend spielen beispielsweise Konzepte wie die Kreislaufwirtschaft und eine diverse, kleinbäuerliche Landwirtschaft eine zentrale Rolle.

Vieles mag utopisch klingen, einiges unrealistisch, doch was bedeutet das schon in solchen Krisenzeiten? Im indischen Bundesstaat Kerala hat die Regierung in den letzten Wochen konsequent die Profit- durch die Sorgelogik ersetzt. So erhielten alle Menschen kostenlosen Zugang zu Grundnahrungsmitteln, solidarische Projekte wie Gemeinschaftsküchen wurden unterstützt; Gesundheitspersonal wurde erweitert, Kliniken vergemeinschaftet. Was wäre, wenn auch nach Corona die Idee der Sorgelogik im Fokus steht? Wenn wir alles gesellschaftliche Handeln daran orientieren, Leben zu erhalten und zur Entfaltung zu bringen? Was wäre, wenn wir Sorgetätigkeiten dauerhaft gut entlohnen, ein bedingungsloses Grundeinkommen einführen, die Erwerbsarbeit erst auf 30, dann auf 20 Stunden in der Woche verkürzen, unser Steuersystem nach sozialen und ökologischen Kriterien ausrichten und Klimaschutz ganz weit oben ansiedeln würden? Was wäre, wenn die Sorge für alle und nicht der Profit für wenige unsere politischen Entscheidungen leiten würde?

Wir wissen es nicht, aber vielleicht wäre dann für alle gesorgt. Was wir jedoch wissen: Gerade geraten Normalitätsvorstellungen und Alltagspraktiken ins Wanken – der nächste Schritt ist, langfristig gesellschaftlich sorgende Strukturen aufzubauen und in den Parlamenten und auf der Straße zu erstreiten!

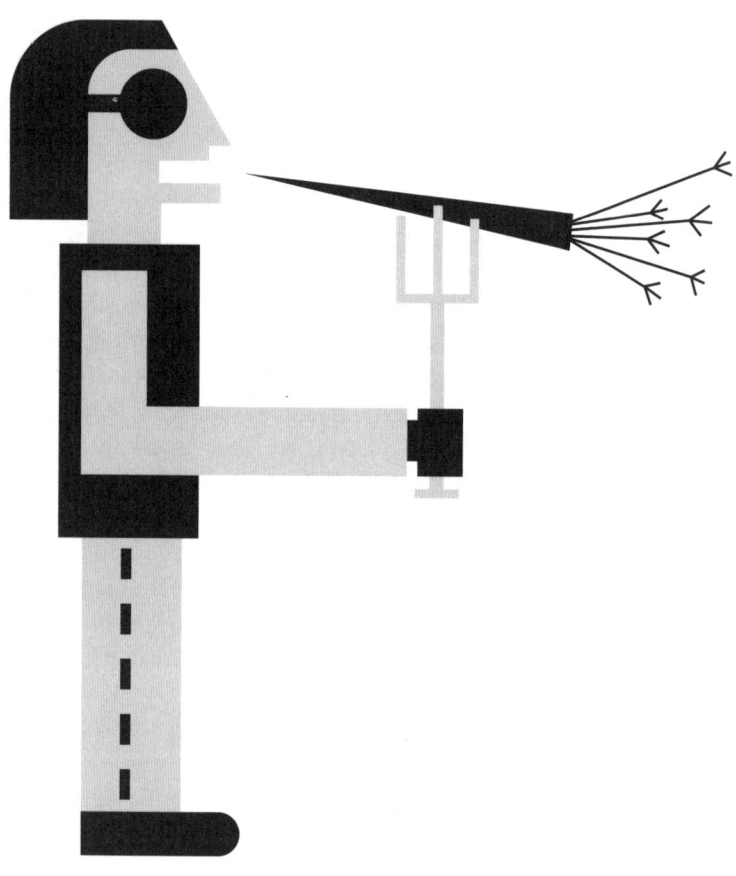

Gutes Essen für alle

*Dass trotz Corona bei uns kein Mangel herrscht,
hat mit der Not im globalen Süden zu tun.
Das ginge anders. Eine realistische Utopie.*

Von Kathrin Hartmann

D er Holzkahn tuckerte den trüben Fluss hinunter, vorbei an brackigen Wasserbecken, die sich bis zum wolkenverhangenen Horizont zogen. Dazwischen, auf den nackten Lehmdämmen, standen ärmliche Hütten. Upazila Paikgacha, Khulna District. Die Küstenregion im Südwesten von Bangladesch ist das Zentrum der Garnelenzucht. Auf einer Fläche der Größe Teneriffas werden diese Tiere in Aquakulturen gezüchtet, Salzwasserbecken an Land und an der Küste. Neben Textilien gehören Shrimps zu den wichtigsten Exportgütern des Landes, sie landen in den Restaurants und Supermärkten in Europa, Japan und den USA.

2014 habe ich die Apokalypse aus Matsch mit Badrul Alam und Sebina Yesmin von der Kleinbäuerinnen- und Kleinbauernbewegung „Krishok Federation and Kishani Sobha" besucht. Das Boot stoppte im Morast von Polder 20. So heißen die eingedeichten Gelände, auf denen neben Krustentieren auch Menschen leben. An der Anlegestelle stand eine Handvoll Männer, müde blickten sie auf den Fluss, hinter ihnen leere Matschsenken, aufgegebene Zuchten. „Nichts wächst hier mehr, keine Gemüse, keine Bäume, kein Gras für die Kühe", sagte einer der Männer. Das Salzwasser für die Aquakulturen habe die Böden ruiniert, die Garnelen seien an Viren gestorben. „Wir haben gekämpft gegen die Shrimps, aber der Kampf ist verloren. Wir wissen nicht mehr, wovon wir leben sollen."

75

Nur eine Viertelstunde später standen wir in einer anderen Welt. Schafe und Ziegen fraßen sich an leuchtend grünem Gras auf Dämmen satt, Palmen und Obstbäume bildeten ein dichtes Dach. Enten und Gänse schnatterten in kleinen Teichen, vor den Hütten reihten sich üppige Gemüsegärten. Nur eines gab es hier nicht: Garnelen. Dagegen hatten die Bewohner unter großen Opfern gekämpft.

Heute muss niemand hungern auf dieser Insel, die sich selbst versorgt. Sie hat schwere Unwetter unbeschadet überstanden, und es gibt drei Schulen hier. Dieses Paradies, in und von dem 7.000 Menschen leben, befand sich nur wenige Bootsminuten schräg gegenüber der Hölle aus Matsch auf der anderen Seite des Flusses.

AUF ZWEI DRITTELN DER FLÄCHE WERDEN FUTTERMITTEL FÜR TIERE ANGEBAUT

Das eine der beiden Konzepte halten die reichen Länder des Nordens für geeignet, die Welternährung zu sichern. Infolge der Strukturanpassung und der Handelsliberalisierung in den Achtziger- und Neunzigerjahren pumpten Weltbank, Internationaler Währungsfonds (IWF), die UN-Ernährungsorganisation FAO und die US-Entwicklungsorganisation UNDP Milliarden Dollar in den Ausbau der exportorientierten Aquakultur. Sie sollte Devisen und Wohlstand ins Land bringen. Gebracht hat sie nur Hunger und Leid. Großflächig wurden Mangroven abgeholzt und fehlen dem klimawandelgeplagten Land als Schutz vor Überschwemmungen. Reis- und Gemüsefelder wurden den Zuchtbecken geopfert, das Salzwasser ruinierte Böden und verschlechterte die Ernten. Bäuerinnen und Bauern wurden gewaltsam ihres Landes beraubt, mehr als 150 Landlose, Aktivistinnen und Journalisten wurden in ihrem Kampf gegen die Aquakultur umgebracht.

Ähnliche Bilder der Zerstörung habe ich in Indonesien gesehen, wo sich die Palmöl-Monokulturen ausbreiten und Wälder, Land und Lebensgrundlage zunichtegemacht haben. Oder in Brasilien, wo sich triste Felder genmanipulierten Sojas schier endlos aneinanderreihen. Kultiviert werden diese Cash Crops fast ausschließlich für den Export in die reichen Länder des Nordens. Vorangetrieben wird die Ausbreitung solcher Anpflanzungen von multinationalen Agrarkonzernen, von Spekulanten und Finanzinvestoren sowie von neoliberaler Entwicklungshilfe und erpresserischen Handelsabkommen.

Die Europäische Union hat eine fatale Rolle in diesem ungerechten Spiel. Sie okkupiert für Konsumgüter aus landwirtschaftlicher Produktion anderswo in der Welt eine Fläche, die eineinhalbmal größer ist als alle 28 Mitgliedstaaten zusammen. Deutschland kauft jährlich landwirtschaftliche Produkte wie Obst, Gemüse, Palmöl und Soja, die andernorts mehr als die doppelte Menge der Fläche des Landes beanspruchen. Deutschland ist der drittgrößte Importeur von Agrarprodukten der Welt. Insbesondere von Obst und Gemüse, das hier nur auf einem Bruchteil der landwirtschaftlichen Flächen angebaut wird.

Dabei könnte sich dieses Land fast komplett selbst mit Essen versorgen. Der Selbstversorgungsgrad mit Lebensmitteln, die hier angebaut werden können, liegt laut dem Bundesministerium für Ernährung und Landwirtschaft (BMEL) bei 93 Prozent. Theoretisch. Praktisch sind die Äcker hier für die Produktion von Fleisch reserviert, das in immer größeren Mengen exportiert wird. Um die 200 Millionen Tiere zu versorgen, werden auf zwei Dritteln der landwirtschaftlichen Fläche Futtermittel für sie angebaut. Aber selbst dieses Futter reicht nicht aus, weswegen Deutschland jedes Jahr auch noch rund vier Millionen Tonnen Futtersoja aus Lateinamerika und den USA importiert.

Das Welternährungssystem, das dominiert wird von Profitinteressen der Agrar- und Lebensmittelindustrie, kann die Welt nicht ausreichend versorgen. Noch immer leiden mehr als 800 Millionen Menschen an Hunger, zwei Milliarden sind mangelernährt. Monokulturen und gentechnisch verändertes Saatgut, die große Mengen von Pestiziden brauchen, zerstören Böden und Artenvielfalt. Die Klimakrise setzt der Landwirtschaft mit langanhaltenden Dürren zu: Aktuell droht dem südlichen Afrika eine Hungersnot nie gekannten Ausmaßes. Jetzt sieht die Expertengruppe des UN-Welternährungsrats „Committee on World Food Security" (CFS) deutliche Anzeichen dafür, dass sich die Corona-Pandemie zu einer Welternährungskrise ausweitet.

KLEINTEILIG, REGIONAL UND ÖKOLOGISCH: DAS BRINGT
SOGAR MEHR ERTRAG

Doch hierzulande verspricht Landwirtschaftsministerin Julia Klöckner, man werde in Deutschland nicht verhungern. Der Nachschub an Billigstarbeiterinnen für die deutsche Ernte ist ja gesichert. Noch darf man sich darauf verlassen, dass Sklaven im globalen Süden, aber auch in spanischen oder italienischen Gewächshäusern und Plantagen schuften. Aber wie lange noch? Schließlich sind die afrikanischen Migrantinnen und Migranten ohne Papiere, die dort unter furchtbaren Bedingungen arbeiten, dem Virus schutz- und rechtlos ausgeliefert.

Corona zeigt, wie krisenanfällig das kapitalistische System für so existenzielle Dinge wie die Gesundheits- und Ernährungsversorgung ist. Dabei gibt es ja Alternativen: etwa das Konzept der Ernährungssouveränität, für das weltweit Hunderte Millionen Kleinbäuerinnen und Kleinbauern kämpfen. Dahinter steckt eine ökologisch und sozial gerechte Landwirtschaft, die sich an den Bedürfnissen der Menschen orientiert und von diesen bestimmt wird. Eine, die nicht Wachstum und Export in den Mittelpunkt stellt, sondern den lokalen Anbau und Handel. Bereits vor zwölf Jahren belegte der Weltagrarbericht, erstellt von rund 500 Expertinnen und Wissenschaftlern im Auftrag von UN und Weltbank, dass der Schlüssel zur Hungerbekämpfung in einer kleinteiligen, regionalen, agrarökologischen Landwirtschaft läge. Wissenschaftlich ist belegt, dass agrarökologischer Anbau mit lokalem Saatgut und ohne Chemie im Vergleich zur industrialisierten Landwirtschaft viel höhere Erträge bringt und weniger Wasser verbraucht. Er schützt Biodiversität und Klima, verursacht keine Lebensmittelabfälle, sorgt für mehr gute Arbeit und für Geschlechtergerechtigkeit.

Beispiele wie das Paradies in Bangladesch habe ich oft gesehen: in Indonesien, wo ich eines der letzten Walddörfer auf Borneo besucht habe. Den Menschen dort war es gelungen, ihren Wald und ihre traditionellen Gärten darin vor der Palmölindustrie zu schützen. In Brasilien machten Indigene, die sich ihr gestohlenes Land von den Rinderfarmern und Sojabaronen zurückgeholt haben, dieses wieder urbar.

In Deutschland wird Ernährungssouveränität in knapp 300 Solidarischen Landwirtschaften gelebt. Hier werden die Lebensmittel nicht über den Markt vertrieben, die Produktion wird gemeinsam von Bäuerinnen, Gärtnern, Bürgerinnen und Bürgern organisiert und finanziert. Das sorgt nicht nur für Unabhängigkeit, bessere Preise und Einkommen, sondern auch für Wissen, Ernährungsvielfalt, Naturschutz – und es stärkt den sozialen Zusammenhalt. Gerade in den sogenannten Krisenländern Europas ist diese Form der Nahrungsversorgung gewachsen. In Griechenland versorgen „Märkte ohne Mittelsmänner" und Essenskooperativen ein Viertel aller Haushalte mit mehreren Tonnen Essen pro Jahr. Die Solidarische Bewegung dort versteht dies nicht als Notversorgung, sondern als Alternative zum herrschenden System.

GERECHTE LANDWIRTSCHAFT KÖNNTE ZWÖLF MILLIARDEN MENSCHEN ERNÄHREN

In Berlin zeigt das Projekt „2.000 m² Weltacker" der Zukunftsstiftung Landwirtschaft, wie eine global gerechte Ernährung aussehen würde. Dafür stünden jedem Erdenbürger 2.000 Quadratmeter zu. Doch laut FAO können die Kalorien, die auf dieser Fläche produziert werden, zwölf Milliarden Menschen satt machen. Das geht jedoch nicht, wenn, wie heute, auf einem Drittel der Äcker weltweit Tierfutter angepflanzt wird. Und wenn auf den Feldern statt Essen Energiepflanzen wachsen, damit noch mehr Autos herumfahren können.

Ernährungssouveränität ist kein nationalistisches und autoritäres Projekt, sondern ein globales und demokratisches. Ändert sich unsere Landwirtschaft nicht, kann sie auch im globalen Süden nicht umgesetzt werden. Das bedeutet zuallererst eine Abkehr von einer intensiven Landwirtschaft mit Monokulturen, Pestiziden und Düngern, von der wachsenden Fleischproduktion hin zu einer kleinteiligen ökologischen Produktion. Damit sie nicht in der Nische bleibt, sondern Standard wird, müssen wir dies als politische Aufgabe sehen und umso drängender fragen: Wer verhindert diese Alternativen? Wer profitiert davon, dass alles bleibt, wie es ist? Da wären die EU-Agrarhilfen, die umso üppiger ausfallen, je größer die Fläche der bäuerlichen Betriebe ist. Das bestraft kleine Höfe, die gut anbauen wollen, und belohnt die industrielle Produktion trotz der Schäden, die sie auf Kosten der Allgemeinheit anrichtet. Dafür hat die Agrarlobby gekämpft, Bauernverband und Chemieindustrie haben auch in Deutschland zu großen Einfluss auf die Politik.

Dagegen müssen wir kämpfen. Auch für eine Entwicklungshilfe, die statt Agrarkonzernen Agrarökologie fördert. Und für eine Verkehrswende, die den Irrsinn Biosprit obsolet macht. Für eine solche ökologische und soziale Transformation der Landwirtschaft gibt es gesellschaftliche Mehrheiten – das zeigt nicht zuletzt die Bewegung „Wir haben es satt" für eine andere Landwirtschaft, die zur Grünen Woche jedes Jahr Zigtausende dafür auf die Straße bringt. Gutes Essen für alle ist eine Utopie, die wir Wirklichkeit werden lassen können, wenn wir solidarisch mit den Bewegungen des Südens dafür kämpfen.

Unser Essen, ihre Arbeit

Niedriglöhne, Werkverträge: Die Menschen, die auf dem Land oder im Laden für unsere Ernährung sorgen, haben oft die miesesten Jobs. Die Krise zeigt, dass sich das ändern muss: mehr Geld, weniger Stress.

Von Benjamin Luig

Mit dem Beginn der Corona-Pandemie wurde deutlich, wie wichtig die Arbeit der Beschäftigten im Lebensmittel-Einzelhandel ist. Neben dem Krankenhauspersonal wurde vor allem ihnen immer wieder von Balkons applaudiert. Manche Arbeitgeber nahmen diese Welle der Wertschätzung auf. Aldi Nord und Aldi Süd starteten beispielsweise eine flauschige Plakatkampagne „Zusammensein ist ein Gefühl", in der es hieß: „Aldi ist für euch da". Die Bundesregierung zählte den Lebensmittel-Einzelhandel ebenso wie die nahrungsmittelverarbeitenden Betriebe und die Landwirtschaft zu den „systemrelevanten" Wirtschaftssektoren. Auch die Mehrheit der Bevölkerung scheint das so zu sehen. Laut einer Umfrage der Hans-Böckler-Stiftung stimmen 94 Prozent der Befragten zu, dass Beschäftigte in systemrelevanten Berufszweigen wie der Ernährungswirtschaft besser bezahlt werden sollten.

Was nach einigen Wochen Corona-Ausnahmezustand jedoch sichtbar wird: Weder die Systemrelevanz noch die Solidaritätsbekundungen aus der Bevölkerung führen bisher zu einer Aufwertung der oftmals von Prekarität gekennzeichneten Berufszweige, im Gegenteil. Für die Angestellten des Lebensmittel-Einzelhandels und des Lebensmittel-Großhandels bedeutet Corona vor allem, Sonderschichten zu schieben. Zudem dauerte es einige Wochen, bis angemessene Sicherheitsmaßnahmen ergriffen wurden, wie die Bereitstellung von Handschutz, Desinfektionsmitteln und Plexiglasscheiben an der Kasse oder die Durchsetzung von Sicherheitsabständen zu Kunden. Während einige Supermarktketten medienwirksam Bonuszahlungen oder Warengutscheine an ihre Mitarbeiterinnen (es sind überwiegend Frauen) ausgegeben haben, musste Verdi den Versuch der Arbeitgeber abwehren, eine Ausweitung der täglichen Höchstarbeitszeit auf zwölf Stunden durchzusetzen.

Die zumeist mittelständischen Unternehmen der Nahrungsmittel- und Getränkeverarbeitung sind sehr unterschiedlich betroffen. Während der Umsatz vieler Brauereien eingebrochen ist, werden in Betrieben, die Grundnahrungsmittel wie Pasta für den Einzelhandel produzieren, Überstunden und Extraschichten geleistet. „Die Menschen arbeiten am Limit, damit Aldi, Lidl, Rewe, Edeka & Co. die Ware nicht ausgeht", sagte der Vorsitzende der Gewerkschaft Nahrung-Genuss-Gaststätten (NGG), Guido Zeitler, Anfang April.

Scharfe Kritik übt die NGG vor allem aber auch an den Vorgaben von Supermarktketten. Diese forderten von den verarbeitenden Unternehmen auf der einen Seite, in der Krise noch schneller und noch mehr zu produzieren, drückten aber zugleich die Preise. Anders als im Einzelhandel entschied die Bundesregierung, in der Ernährungswirtschaft die Höchstarbeitszeit-Regelung außer Kraft zu setzen und die Maximalarbeitszeit auf zwölf Stunden pro Tag zu erhöhen.

Besonders extrem ist die Ausbeutung zumeist osteuropäischer Werkvertragsarbeiter in den Schlachtfabriken von Westfleisch, Tönnies und Co. Sie werden in Massenunterkünften untergebracht und arbeiten am Schlachtband mit geringen Abständen im Akkord. Die anstrengende Arbeit macht es schwer, rund um die Uhr die Gesichtsmasken zu tragen. So wird der Arbeitsplatz zu einem Ort des besonderen Übertragungsrisikos. Erst in der vergangenen Woche reagierte die Bundesregierung mit einem Verbot von Werkverträgen in der Fleischwirtschaft, das ab dem kommenden Jahr gelten soll.

Ähnlich sieht es in der Landwirtschaft aus. Auch hier wurde die Maximalarbeitszeit auf zwölf Stunden pro Tag verlängert. Bauernverband und Bundespolizei koordinieren den Transport der Arbeiter*innen vom Rollfeld der Flughäfen direkt in die Unterkünfte. Dies macht es den Gewerkschaften unmöglich, sie über ihre Rechte zu informieren.

Laut Verfügung des Agrarministeriums ist es weiterhin möglich, bis zu 20 Arbeiter*innen in eine Unterkunft zu pferchen. Schon in den letzten Jahren galt: Zwar erhielten Arbeiter*innen auf dem Papier den Mindestlohn, faktisch aber wurden ihnen für Massenunterkünfte, die Anreise mit dem Bus und manchmal selbst für Arbeitsutensilien Teile des Lohns abgezogen. Vergangene Woche traten Saisonarbeiter*innen auf einem Hof bei Bonn in den Streik, weil sie ihre Löhne erst am Ende der Saison bei Abreise erhalten sollten. Nichts deutet bisher darauf hin, dass in der Welt nach Corona die Arbeit in der Lebensmittel-Lieferkette aufgewertet wird. Im Gegenteil, mit Verweis auf die Belastung des Sektors wurden Arbeitsrechte teilweise weiter abgebaut.

Wie aber sähen Schritte aus, die über das Verbot von Werkverträgen hinaus die Situation der Beschäftigten verbesserten? Wir brauchen eine ehrliche Debatte darüber, wer von dem System bisher besonders profitiert und sich stärker an der Bewältigung der Krise beteiligen sollte. Es ist kein Zufall, dass drei der fünf reichsten Bürger in Deutschland Eigentümer von Supermarktkonzernen sind. Kern des Problems ist der Preisdruck des Lebensmittel-Einzelhandels.

DER KERN DES PROBLEMS: DIE PREISSCHRAUBE

Wir Konsument*innen können nicht mehr essen, als in unsere Mägen passt. Deshalb ist der Lebensmittelsektor das sprichwörtliche Paradebeispiel eines „gesättigten Markts". Wenn die Supermarktkonzerne weiter wachsen, dann geht das nur über harte Verdrängungskämpfe. Inzwischen kontrollieren die großen vier (Edeka, die Schwarz-Gruppe mit Lidl sowie Aldi und Rewe) mehr als 85 Prozent des Lebensmittel-Einzelhandels. Die Corona-Krise, durch die kleine Händler schließen müssen, wird die Marktmacht der Ketten weiter zementieren. Diese Marktmacht des Handels und der knallharte Preiskampf setzen die oft mittelständischen Zulieferer und die Landwirtschaft unter Druck, mit massiven Folgen für die Arbeitsbedingungen entlang der gesamten Kette.

Voraussetzung, um Druck aus dem Kessel zu nehmen und Spielräume für bessere Arbeitsbedingungen zu schaffen, wären bessere Preise für die Landwirtschaft und die nahrungsmittelverarbeitenden Betriebe. In Frankreich zum Beispiel wurde 2019 ein Gesetz über „ausgewogene Handelsbeziehungen im Agrar- und Lebensmittelsektor" wirksam, das Bauern und Zulieferern angemessene Preise ermöglichen soll. Supermarktketten dürfen ihre Lebensmittel zugleich nur noch zu maximal 110 Prozent des Einkaufspreises weiterverkaufen. Dies könnte höhere Preise und Löhne in der Lieferkette sicherstellen, ohne dass diese Erhöhungen auf die Konsument*innen abgewälzt werden. Ein solches Gesetz könnte auch die Lücke schließen, die 2001 entstand, als Rot-Grün das bestehende Verbot von aggressiven Rabatten im Lebensmittel-Einzelhandel beseitigte.

Weitere Bausteine wären wichtig, wie die Umsetzung der EU-Richtlinie zu unlauteren Handelspraktiken. Für Aldi, Edeka und Co ist es beispielsweise Standard, von Zulieferern Gebühren dafür zu verlangen, ihre Produkte überhaupt ins Sortiment aufzunehmen. Langfristig müsste die Marktmacht über die Entflechtung von Konzernen reduziert werden. Dies müsste Hand in Hand damit gehen, dass jede*r sich Essen leisten kann, angefangen mit der massiven Erhöhung des Hartz-IV-Satzes und einer deutlichen Erhöhung des Mindestlohns.

DIE VISION: ARBEIT FÜR EIN GUTES LEBEN

Damit würden Spielräume dafür geschaffen, anstelle der prekären Beschäftigungsformen ein neues Leitbild von guter Arbeit im Ernährungssystem durchzusetzen. Ein solches Leitbild könnte aus drei Elementen bestehen.

Erstens müssen die Löhne für ein gutes Leben ausreichen. Das heißt, sie sollten nicht nur „armutssicher" sein, sondern Teilhabe am gesellschaftlichen Reichtum ermöglichen. Die Tarifbindung in der Nahrungsmittelindustrie und im Einzelhandel ist in den letzten beiden Jahrzehnten erodiert. Im Einzelhandel sind nur noch 25 Prozent der Betriebe tarifgebunden. Ohne Tarifbindung wird im Lebensmittel-Einzelhandel durchschnittlich 30 Prozent weniger Gehalt bezahlt. Zwei Drittel der Angestellten arbeiten nur in Teilzeit. Zwar sollen Werkverträge über Subunternehmen in Schlachtfabriken verboten werden, in Branchen wie der Getränkeindustrie oder bei Tätigkeiten von Reinigungsdiensten sind sie jedoch weiter gang und gäbe. Der Missbrauch von Selbstständigkeit, Leiharbeit und Befristungen muss insgesamt beendet und eine flächendeckende Tarifbindung durchgesetzt werden.

Zweitens muss die Arbeit wieder um das Leben kreisen und nicht umgekehrt. Die Untergrabung der bestehenden Gesetze zur Höchstarbeitszeit einerseits, ein zu niedriges Kurzarbeitergeld andererseits sind Ausdruck davon, dass die Bundesregierung auf die Situation der Beschäftigten keine Rücksicht nimmt. In Kombination mit einer ausreichenden Bezahlung könnte eine kurze Vollzeit von 28 bis 35 Stunden für alle Beschäftigten der neue Standard werden. Dies würde es Familien erlauben, statt Dauerstress und Zwang zu Flexibilität einen Gleichklang zwischen Lohnarbeit und Zeit für Familie und Freundschaften herzustellen. Menschen, die zeitweise nach Deutschland kommen und hart arbeiten, um unser Essen zu produzieren, müssen für diese Zeit am Sozialsystem und am gesellschaftlichen Leben teilhaben dürfen.

Ein drittes Element wäre schließlich das der betrieblichen Mitbestimmung. Wie die mangelnden Gesundheitsstandards am Arbeitsplatz in den letzten Wochen gezeigt haben, ist es fatal, wenn die Angestellten keine Mitsprache darin haben, wie vor Ort auf neue Herausforderungen reagiert wird. Dies gilt für Corona, aber auch für andere Herausforderungen: Welche Formen der softwaregesteuerten Arbeitsabläufe sind sinnvoll, welche nicht? Wo führen sie zu Arbeitsüberlastung und neuen Formen der Überwachung? Was bedeutet die erneute Dürre dieses Jahr für den notwendigen Gesundheitsschutz der Arbeiter*innen in der Landwirtschaft? Die Systemrelevanz sollte ein Stimulus sein für mehr Wirtschaftsdemokratie in der Lieferkette.

Die Arbeit im Ernährungssystem ist in doppelter Hinsicht systemrelevant. Die Beschäftigten garantieren die stabile Versorgung mit Nahrungsmitteln in Krisenzeiten. Aber auch die schiere Zahl der Menschen, um die es geht, macht diesen Sektor systemrelevant. Rechnen wir neben der bäuerlichen Landwirtschaft (400.000) die fest Beschäftigten in der Landwirtschaft (200.000), die Saisonarbeiter (300.000) und auch die Menschen hinzu, die in der Nahrungsmittelverarbeitung, im Getränkesektor und im Ernährungshandwerk arbeiten (zusammen 700.000), und kommt dann noch der Lebensmittel-Einzelhandel (knapp 800.000) dazu, so kommen wir auf knapp 2,4 Millionen Arbeitsplätze. Der Großhandel ist da noch nicht einmal mitgezählt. Das sind sehr viel mehr als beispielsweise die 800.000 Angestellten der Automobilindustrie.

Wenn die Bundesregierung es ernst meint mit der Wertschätzung der Menschen, die unsere Grundversorgung über die Lockdown-Wochen sichergestellt haben, ist es höchste Zeit dafür, ihnen endlich gute Arbeitsbedingungen zu ermöglichen. Das Verbot von Werkverträgen in der Fleischindustrie ist dazu nur der erste Schritt.

Die Arbeit der anderen

Ob in der Familie oder im Supermarkt: Die Krise bringt zutage, wie sehr wir von schlecht oder gar nicht bezahlten Menschen abhängig sind. Es ist nicht nur Zeit, sie angemessen zu entlohnen – möglich ist es auch.

Von Andreas Streinzer und Anna Wanka

D ie Krise trifft alle, aber alle trifft sie anders. Die einen sehen das Ende der bekannten Zeit, die anderen wundern sich über die krisenunerprobten Mitteleuropäer*innen. Die einen strotzen vor Souveränitätsbehauptung, die anderen vor Angst und Sorge. Die einen nutzen den Balkon zur Entschleunigung, die anderen schützen sich vor der Sonne auf der Baustelle. Alle betroffen, aber nicht alle existenzbedroht – so weit die „neue Normalität".

Was könnte nun anders, gerechter werden nach der Krise? Die Forschung über Wirtschaftskrisen und Rezessionen kann ein Wegweiser sein, welche wirtschaftlichen und politischen Weichen gestellt werden und welche davon in eine womöglich bessere Gesellschaft führen können. In unserer Skizze schöpfen wir aus eigenen Forschungsarbeiten, etwa zu Ungleichheit in Mitteleuropa oder der Wirtschaftskrise in Griechenland, und aus Analysen des laufenden „Versus-Corona"-Projekts am Institut für Sozialforschung und der Goethe-Universität.

JETZT ZEIGT SICH, WER WEN VERSORGT

„Versorgung" ist ein zentraler Begriff der Wirtschaftsanthropologie, und in der Krise zeigt sich, weshalb. Scheinbar plötzlich wird sichtbar, wie viel Arbeit für die Ermöglichung eines „normalen" Lebens notwendig ist, damit der Spargel auf dem Teller landet oder das Kind die

Mathe-Hausübung versteht. Gibt es eine Kita und bringt jemand die Kinder hin? Wer tröstet die Freund*innen, wer pflegt die Schwiegermutter? Solche Fragen sind alles andere als neu, und bei so manchen Sozialwissenschaftler*innen regt sich Frustration, dass diese zum kapitalistischen Alltag gehörenden Prozesse nun scheinbar Überraschung auslösen. Soziale Infrastrukturen verbinden den Küchentisch mit Erntearbeiter*innen, Paketbot*innen, Supermarkt-Mitarbeiter*innen und Pflegekräften, die nun überall aus Fenstern und Balkonen beklatscht werden. Gut wäre, wenn es nicht bei wackligen Handyvideos und gerührten Nachbar*innen bleibt, sondern die oft existenziell sehr schwierigen Lagen der versorgungsrelevanten (Haus-)Arbeiter*innen verbessert werden.

Gerade im Sichtbarmachen dieser alltäglichen Versorgungspraktiken liegt das Potenzial zur Veränderung – durch ihr Erkennen und Erleben und durch die neuen Formen von Zusammenhalt, Solidarität und Unsicherheit, die vielen zeigen, dass eine Gesellschaft mehr ist als ein ewiger Wettbewerb. Wir sind aufeinander angewiesen. Wie wir das jetzt und in Zukunft leben, müssen wir mitentscheiden.

„DIE FAMILIE" SOLL ES RICHTEN

In Katastrophenfilmen wird oft ein bizarres Bild krisenhafter Zustände gezeichnet: In wieder beliebten Klassikern wie „Contagion" plündern panische Massen die Supermärkte und einsame Helden schießen sich den Weg frei. Weit daneben. Die Held*innen der Pandemie sind andere – sie scannen geduldig an den Kassen, schleppen Einkäufe zu Risikogruppen, ziehen in Altersheime zu ihren Klient*innen. Sie harren stundenlang am Telefon aus und beruhigen verängstigte Freund*innen. Sie ticken nicht aus, sondern sie ticken die To-Do-Liste der Versorgung ab. All das ist Arbeit.

Wirtschaftswissenschaftler*innen weisen schon lange auf den gesellschaftlichen Wert unbezahlter Arbeit hin – laut der Ökonomin Mascha Madörin ist die Summe der unbezahlt geleisteten Arbeit sogar mehr wert als jene, die in der formalen Wirtschaft erbracht wird. Häufig ist der Wert von Arbeit nicht nur in Geld zu bemessen, sondern entscheidet über Leben und Tod. Deutlich wird das am Beispiel der USA, wo die Pandemie von einem einzigen Pflegeheim ausgegangen war, weil die Pflegekräfte dort so wenig verdienen, dass sie in mehreren „Jobs" arbeiten mussten und das Virus so weiter verbreiten konnten. Scheinbar automatisch wird bei Maßnahmen gegen die Ausbreitung von Sars-CoV-2 davon ausgegangen, dass „die Familie" einspringt. Von „Homeschooling" bis zur Kita-Schließung erblüht die Vorstellung der Kleinfamilie als nützliches Arbeitsreservoir vor allem von Frauen, die mal so nebenbei Kinderbetreuung, Haushalt und Altenpflege organisieren können. In einer Pandemie, wohlgemerkt.

PANDEMIE – SO TEUER WIE NIE

1,137 Billionen Euro stellt der deutsche Staat für wirtschaftliche Maßnahmen bereit. Die Europäische Zentralbank (EZB) erweitert ihr Anleihenprogramm um 750 Milliarden Euro. Der Internationale Währungsfonds (IWF) warnt vor der größten Rezession der Geschichte und stellt ebenfalls Unsummen bereit. Die Rede ist von Geld. Viel Geld. Bald wird sich die Frage aufdrängen, woher dieses Geld kommt und ob, beziehungsweise von wem, es zurückgezahlt werden muss. In der zeitgenössischen Finanzarchitektur müssen sich Regierungen bei profitorientierten Finanzfirmen (mit-)finanzieren. Zentrale Frage wird sein, wie dieses Verhältnis zwischen „den Märkten", Finanzinstitutionen wie IWF oder EZB und den Regierungen gestaltet wird. Man sieht heute an den Diskussionen um Eurobonds, welche Bruchlinien diese Frage aufwirft.

Das Neue an dieser Krise ist wohl, dass alle Regierungen hohe Schulden werden aufnehmen müssen, weit höher als etwa in der Eurokrise oder der Finanzkrise nach 2007/2008. Ein in der Griechenlandkrise oft gehörtes Sprichwort lautet in etwa so: „Schuldest du der Bank 1.000 Euro, gehörst du der Bank. Schuldest du ihr eine Milliarde, dann gehört die Bank dir!". Die aufgenommenen Summen werden so hoch sein, dass die Banken „uns" gehören könnten. Gelingt eine entsprechende Koordination nicht, dann geraten die Staaten in Wettbewerb – um niedrige Zinsen, günstige Rückzahlbedingungen und so weiter – und was das bedeuten kann, hat die Eurokrise deutlich gezeigt. Überschuldete Länder mit schlechteren Kreditbedingungen werden gezwungen, noch mehr von ihrer Daseinsvorsorge zu privatisieren. Es droht eine Radikalisierung von Sparprogrammen, und die günstigen Kredite werden die Reicheren den Ärmeren wegschnappen wie heute die Lieferungen von Atemmasken.

DAS GELD IST DA, ABER WO GEHT ES HIN?

Schließlich macht die Corona-Krise mehr Menschen einen der zentralen Widersprüche des Kapitalismus klar: Nie gab es mehr verfügbares Kapital als heute, jede Armut ist menschengemacht. Milliardär*innen rufen zum Crowdfunding für ihre Arbeiter*innen auf. Unternehmer, die vorher mit Hohn über Armut gesprochen haben, gerieren sich als Opfer, denen nach drei Wochen Krise das Geld ausgeht. Sportstars und Vorstände verzichten nicht auf Millionen-Boni, aber wenn es um einen Extra-Hunderter für ALG-II-Bezieher*innen geht – wieder zur Erinnerung: während einer Pandemie –, klappt die Geldbörse ganz schnell wieder zu.

Derartige Ungleichheiten sind Unrecht und einer reichen Welt nicht würdig. Das gilt für alle, deren Existenzen von der Krise weggefegt werden, für Obdachlose, Flüchtlinge und alle anderen, denen der Zugang zu der wichtigsten versorgungsrelevanten Ressource – Geld – verwehrt ist. Zwei Maßnahmen können Abhilfe schaffen: stark progressive Einkommenssteuern und ein ordentliches Grundeinkommen für alle. Die sozialwissenschaftliche Forschung über Rezessionen zeigt, was sonst in großem Ausmaß droht: Irgendwann geht nahezu allen der Reihe nach das Geld aus. Geschäfte schließen, Einkommen fallen, Haushalte sparen, Kredite werden nicht mehr bedient, Banken geraten in die Kreditklemme, Regierungen retten sie und zahlen so ohnehin, was ein Grundeinkommen mit viel weniger Leid schon heute erreichen könnte.

MEHR ZWIETRACHT WAGEN

Diese bisher genannten Visionen – adäquate Bezahlung versorgungsrelevanter Arbeit, Koordination der Regierungsschulden, Umverteilung und Grundeinkommen – werden nicht automatisch kommen.

Seit Jahren zeigen Umfragen, dass die Mehrheit der Menschen solche Maßnahmen befürwortet. Viele aber stellen Forderungen jetzt hintan, denn: „Wir" müssen jetzt an einem Strang ziehen. Doch der Krisenkorporatismus des „Wir" wird nicht lange bestehen: auf die Eintracht folgt Zwietracht.

In vielerlei Hinsicht ist das gut, denn eine Rückkehr zur „Normalität" soll es nicht geben, wenn das für viele miese Entlohnung und Hunger bedeutet, wenn Menschen an den Grenzen sterben und „wir" es in Kauf nehmen. Hier ist zielgerichtete Zwietracht wichtig. Letztendlich steht das gesellschaftliche Versorgungssystem wieder einmal an einer Weiche und wieder einmal stellen sich grundsätzliche Fragen darüber, was wir eigentlich wollen. Und wie und ob es in diesem System zu erreichen ist. Was diese Krise verstärken kann, ist die Bereitschaft vieler, bestimmte Selbstverständlichkeiten noch deutlicher zu kritisieren und – entscheidend – für ihre Überwindung zu kämpfen. Care-Streiks gehörten in den letzten Jahren zu den größten Demonstrationen weltweit, getragen von der Hoffnung, dass solche Kämpfe um Fürsorge zu höherer Anerkennung und Entlohnung führen könnten. Was nicht passieren darf, ist, dass genau bei jenen heute als systemrelevant bezeichneten Gruppen gespart werden wird, wenn morgen – nach Ende der Wirtschaftshilfen – der Kassensturz kommt.

Kurzum: Was ist morgen wichtiger, das normale Leben mit Spargel am Tisch und dazu Flucht und Rezession in der Zeitung – oder eine Welt, in der Menschen lebenswert leben und für das, was sie für die Versorgung tun, auch ordentlich entlohnt werden? Klatschen ist gut, aber letztlich kommt es darauf an, sich politisch für jene zu engagieren, die in der Krise – und nach der Krise – die neuen „normalen" Lebensweisen ermöglichen.

Vorwärts aus der Sackgasse

*Nach Corona werden in Politik, Wirtschaft und Gesellschaft sicher wieder alte
Mechanismen greifen. Wir sollten Kräfte bündeln und neue Wege beschreiten.*

Von Hans-Jürgen Urban

D ie Krise ist die Stunde der Exekutive, heißt es. Mag sein. Durchgreifendes Krisenmanagement gegen Infektionsrisiken sowie den ökonomischen Niedergang ist wohl auch diesmal das Gebot der Stunde. Doch nach der Krise sollte die freie Hand der Exekutive enden. Weichenstellungen für die Zukunft müssen Gegenstand gesellschaftlicher Debatten und legitimierter Entscheidungen sein. Nur so können dauerhafte Schäden an Demokratie und Rechtsstaat vermieden werden. Und nur so kann verhindert werden, dass sich die romantische Sehnsucht nach den Vorkrisenzuständen, die allenthalben anzutreffen ist, als Leitbild der Konsolidierungspolitik durchsetzt. Denn das wäre der Weg in die Sackgasse.

KAPITALISMUS IM KOMA

Die Überführung ganzer Ökonomien ins künstliche Koma ist historisch einzigartig. Die wirtschaftlichen, sozialen und politischen Kollateralschäden sind noch nicht abzusehen. Und das Ausmaß steigender häuslicher Gewalt gegen Frauen, Kinder und Pflegebedürftige ist nur zu erahnen. Und wie agieren die politischen Entscheider?

Besser als ihr Ruf. Die Koalition gibt sich handlungsfähig. Großzügigere Regelungen bei der Grundsicherung, erleichterter Zugang zu Kurzarbeit, finanzielle Zuwendungen und Bürgschaften für Unternehmen mögen verteilungspolitisch eine Schlagseite aufweisen. Als kurzfristige Adhoc-Krisenmaßnahmen sind sie grosso modo jedoch zu begrüßen. Pauschales Politikbashing wirkt hier eher schal. Die Entwicklung gleicht einer konservativen Revolution. Konservativ, weil die Krisenmaßnahmen auf die Rettung vorhandener Strukturen zielen; revolutionär, weil sie mit radikalen Ideologiebrüchen einhergehen, die selbst in den kühnsten linken Träumen nicht vorhergedacht wurden. Dreistellige Milliardenbeträge werden mit nie gekannter Großzügigkeit unter Kleinunternehmern und Soloselbstständigen verteilt. Und der Staat rüstet sich für freundliche Übernahmen systemrelevanter Großkonzerne. Der Krisensturm bläst hegemoniale Erzählungen wie die von der schwarzen Null oder von der Unantastbarkeit ökonomischen Privateigentums einfach hinweg.

Sicher bleiben Privilegien- und Klassenstrukturen wirkungsmächtig. Während zumeist Besserverdienende sich bei Erhalt der Bezüge ins Homeoffice zurückziehen können, müssen mitunter Normalverdienende und Niedriglöhner am Arbeitsplatz vor Infektionsgefahren geschützt werden. Vor allem aber fließt der Hauptstrom der Krisenmilliarden in die Kassen der Unternehmen. Und die Großvermögenden bleiben verschont. Bei Verteilungsfragen endet der revolutionäre Elan der Krisenpolitik.

Doch das vielleicht nachhaltigere Problem liegt woanders. Es reicht bis weit in die Gesellschaft hinein. Es ist die immer wieder durchbrechende Sehnsucht nach der Normalität der guten alten Vorkrisenzeiten. Ob Vorhaben der Regierungen, ob Szenarien der Wirtschaftswissenschaften, ob Pläne von Theatern, Konzerthäusern oder anderen Einrichtungen, nahezu alle Entwürfe fragen nach Wegen zurück. Zurück zur wachsenden Wirtschaft, zum stabilen Arbeitsmarkt, zu verlässlichen Kultursubventionen, zum gewohnten Alltagsleben. Rückkehr wird geradezu zum Signum der Krisenpolitik. Doch die romantische Sehnsucht nach den alten Zuständen ist fatal. Offenbar verklärt der Blick aus dem Auge des Orkans die Vergangenheit. Der deutsche Vorkrisenkapitalismus taugt nicht als konkrete Utopie fortschrittlicher Politik. Soziale Ungleichheit, Klimakrise, Rechtspopulismus und andere Missstände sollten auch im Angesicht der Krise nicht so schnell in Vergessenheit geraten.

Zielführend wäre hingegen die Rückbesinnung auf die weitgehend verstummte Ökologiedebatte, insbesondere auf Plädoyers für ein neues Wachstumsmodell. Denn die Gesellschaften des Gegenwartskapitalismus sind Überfluss- und zugleich Defizitgesellschaften. Umweltschädlichem Luxuskonsum stehen Investitionsrückstände bei sozialer Sicherheit, im Gesundheits- und Sorgebereich, im Bildungs- und Kultursektor und bei der Mobilität gegenüber. Erkannt wird zugleich, dass der profitgetriebene Wachstumszwang unseres Wirtschaftssystems die gesellschaftlich zu beantwortende Frage blockiert, was wachsen soll und was nicht. Anvisiert wird eine Wirtschaft, die wächst, wo sie wachsen soll, und auf Wachstum verzichtet, wo es die Gesellschaft spaltet oder die Natur überfordert. Daraus folgt: Nicht die Wiederherstellung alter Strukturen und Spielregeln, sondern Schritte in Richtung eines neuen Wachstumsmodells sind der historische Auftrag.

SOZIALSCHUTZ UND ÖKOLOGISCHE DEMOKRATIE

Hier könnte die Krise ein Zeitfenster öffnen. Die politikwissenschaftliche Theorie der Pfadabhängigkeit besagt, dass es Gesellschaften in der Regel schwerfällt, gewohnte Bahnen zu verlassen. Sie kennt aber auch Übergangsphasen („critical junctures"), in denen Krisenschocks helfen, Reformwiderstände zu überwinden und Pfadwechsel einzuleiten. Und ein solches Momentum könnte die Corona-Krise erzeugt haben.

Doch ein Problem schleppt sich aus der Vergangenheit in die Zukunft. Neue Weichenstellungen setzen handlungsmächtige Akteure voraus und Verschiebungen nach links eine starke Linke. Und die fehlt. Die Krise wird aus der politischen Mitte gemanagt. Die Linke analysiert und räsoniert, bleibt aber weitgehend wirkungslos. Wieder einmal schwächelt der neoliberale Kapitalismus, und wieder einmal fehlt eine Kraft, die die Gunst der Stunde nutzen und die Gesellschaft auf einen progressiven Pfad drängen könnte. Doch Fatalismus ist keine Option. Die Konflikte um die Entwicklung von Ökonomie, Gesellschaft und Politik werden die Nachkrisenphase prägen. Sie werden intensiv ausfallen und alle Reformkräfte werden sich aufrappeln müssen. Vor allem Gewerkschaften sowie Akteure aus der Ökologiebewegung und dem fortschrittlichen Spektrum der Parteien sind gefragt. Annäherungen in Fragen von Umweltstandards, Verteilungsgerechtigkeit und Schutz prekärer Arbeit, die vor der Corona-Krise sichtbar wurden, sollten fortentwickelt und zu Konzepten einer solidarischen Nachkrisenpolitik aktualisiert werden.

Ein zentraler Transformationskonflikt wird sich um die zukünftige Gesundheits- und Sozialpolitik drehen. Die großzügigeren Sozialleistungen der letzten Wochen beruhen nicht auf einem reflektierten Lernprozess. Der Abschied von der Austeritätspolitik ist reiner Notpragmatismus. Auf den ist kein Verlass. Ein Rückfall in die Spar- und Sozialabbaulogik ist nicht unwahrscheinlich. Heftige Konflikte um den Abbau der Schuldenberge sind absehbar. Die soziale Schieflage der Krisenpolitik könnte vor der zu befürchtenden Schlagseite der kommenden Konsolidierungspolitik verblassen.

Doch nicht nur sozialer Krisenschutz, auch der notwendige Ausbau des Sozialstaates wird teuer. Auch hier lauern harte Verteilungskonflikte um die notwendigen Milliarden. Die Krise zeigt: Vorbeugende Sozialpolitik braucht bedarfsgerechte Leistungen, Ressourcenreserven und universelle Schutzsysteme. Die Institutionen der Daseinsvorsorge müssen dauerhaft vor der Sparwut geschützt und als Felder mit gesellschaftlichem Zusatznutzen anerkannt werden. Und alle Formen abhängiger Arbeit müssen in den Solidarverbund integriert werden und verlässliche Leistungszusagen erhalten. Im Kultur-, Kommunikations-, aber auch im Pflege- und Gesundheitssektor sowie in der Bauwirtschaft sind Formen prekärer Arbeit außerhalb des Beschäftigtenstatus geradezu explodiert. Der beschönigende Begriff der Soloselbstständigkeit kaschiert nur mühsam die soziale Existenzkrise, in die viele der Betroffenen gegenwärtig geraten. Konzepte einer universellen Bürger- und Erwerbstätigenversicherung, wie sie in der sozialstaatlichen Reformdebatte vorgelegt wurden, gewinnen durch die Krise neue Dringlichkeit.

Zugleich wird die Vermeidung eines absehbaren, aber fatalen Zielkonflikts die eigentliche Herausforderung sein. Finanzmittel, die in die Stabilisierung von Wirtschaft und Arbeitsplätzen fließen, stehen für ihre Ökologisierung nicht mehr zur Verfügung. Es droht eine Mittelkonkurrenz zwischen Krisen- und Klimaschutz. Vermieden werden kann sie, wenn die Stabilisierungsinvestitionen mit einem ökologischen Mehrwert einhergehen. Dieser muss Ziel öffentlicher und öffentlich geförderter Investitionen werden. Etwa solche in klimaschonende Infrastrukturen, energiesparende und emissionsvermeidende Produktionsverfahren und naturverträgliche Produkte. Noch profitable Unternehmen und Vermögende müssen sich an der Finanzierung beteiligen und Dividenden in unterstützten Unternehmen ausgesetzt werden.

Notwendig sind grundlegende Korrekturen in den Produktions- und Verteilungsverhältnissen. Hier versagt der Markt. Politische Interventionen etwa durch Schadstoffgrenzen und Produktauflagen sind unverzichtbar. Aber auch Eingriffe in die Eigentums- und Verfügungsrechte. Gelten muss: Wo öffentliches Geld fließt, muss öffentliches Eigentum entstehen und öffentliche Einflussnahme folgen. Schon die Miteigentümerschaft der öffentlichen Hand ermöglicht Einflussnahme auf Unternehmenspolitiken. Diese Möglichkeiten müssen offensiv genutzt werden. Ohne ideologische Vorbehalte, nach demokratischen Entscheidungen und orientiert an den Imperativen der sozial ökologischen Transformation.

In einer gemeinsamen Erklärung fordern etwa Umweltverbände und IG Metall, mittels regionaler und bundesweiter Transformationsräte einen breiten gesellschaftlichen Dialog über die unverzichtbaren Maßnahmen des Klimaschutzes zu organisieren. Sollten sich diese Räte als Orte demokratischer Verständigung bewähren, könnte es eine vornehme Aufgabe der öffentlichen Anteilseigner sein, ihnen Einflusskanäle in die wirtschaftlichen Entscheidungen der Unternehmen zu eröffnen. Kurzum, nicht Privatkapitalismus, sondern Wirtschaftsdemokratie lautet die Perspektive.

Trotz der Annehmlichkeiten sozialer Entschleunigung und des reduzierten Schadstoffausstoßes: Der Shutdown der Ökonomie mit seinen ökonomischen Verwerfungen, sozialen Kosten und absehbaren Wiederanlaufkonflikten ist keine positive Blaupause für die ökologische Transformation. Fantasien dieser Art, auch linke, sind fehl am Platz. Der Kampf gegen Corona ist ein befristetes Notmanöver mit riskanten Eingriffen in Gesetzgebung, Bürgerrechte und Alltagsleben. Die sozial-ökologische Transformation muss hingegen als dauerhafter und vor allem demokratischer Prozess konzipiert werden. Doch die schlichte Rückkehr zum Bekannten taugt eben auch nicht als Zukunftsvision.

Ein durchgreifender sozialökologischer Reformismus muss die Weichen in Richtung Sozialschutz und ökologische Wirtschaftsdemokratie stellen. Mut zur Kapitalismuskritik ist hier gefragt.

DIE LETZTE BEWÄHRUNGSPROBE

Das alles wird sich auch auf europäischer Ebene bewähren müssen. Die Corona-Tragödien in wichtigen Mitgliedstaaten überforderten die nationalen Selbsthilfekräfte. Der Komplettausfall der Europäischen Union als Organisator innereuropäischer Solidarität war eine Katastrophe. Unterlassene Hilfeleistung statt Solidarität. Der folgende Ansehensverlust könnte sich für Europa zur Existenzkrise auswachsen. Die EU wird bald vor einer weiteren, vielleicht der letzten Bewährungsprobe stehen. Die besonders von der Krise gebeutelten Länder bleiben auch bei der Bewältigung der Krisenlasten auf solidarische Hilfen angewiesen. Wenn Außenminister Maas den bevorstehenden deutschen EU-Vorsitz zur Corona-Präsidentschaft machen will, muss dies mit ausreichender materieller Unterstützung unterlegt werden. Die EU sollte nicht noch einmal versagen.

Das Raum-Zeit-Dilemma

Müssen wir Büros neu denken? Oder daheim erst mal gründlich Ordnung schaffen? In Corona-Zeiten wird deutlich: Homeoffice ist nicht nur eine Frage der Gestaltung, sondern auch der Haltung.

Von Oliver Herwig

D er Kaffee dampft und der Computer fährt hoch. Gleich plop-
pen all die Nachrichten auf, die wir nicht schon vom Handy
gewischt oder weitergeleitet haben. Alles wie gewohnt? Nicht
ganz. Keine Kollegen da, kein Flurfunk, kein Händedruck. Und doch
ist Homeoffice die neue Normalität für Tausende von Menschen, die
sich nie erträumt hätten, Arbeit und Leben auf engstem Raum zu
verbinden. Corona bringt schlagartig zusammen, was die Moderne
mühsam getrennt hatte. Nach der Wohnküche, dem halböffentlichen
Schlafzimmer samt Wellnessbad ist das Homeoffice die dritte Wohn-
wende des frühen 21. Jahrhunderts. Menschen, Städte und Wohnhäu-
ser müssen sich erst noch darauf einrichten.

Was genau die erzwungene Einsamkeit vor dem heimischen Rechner
mit uns macht, ist wohl bereits Gegenstand diverser soziologischer und
psychologischer Studien. Wir können hier nur spekulieren. Und annehmen, dass es von den jeweiligen Umständen abhängt, ob Selbstisolati-
on als Befreiung, angenehme Abwechslung oder als Strafe empfunden
wird, die nun acht Stunden in der eigenen Bude abzusitzen ist. Was
nach Freiheit klingt, ist freilich oft keine. Digitale Überwachung und
ständige Erreichbarkeit unterminieren die Unverletzlichkeit der Wohnung. Die Bürotür hinter sich schließen und nach Hause gehen, um dort
mal Mensch zu sein – das war einmal. Insofern beschleunigt Corona nur
das, was sich in den vergangenen Jahren ohnehin abgezeichnet hatte.

Homeoffice heißt auch, dass selbst Mittagspausen nicht so einfach durchzusetzen sind. Jederzeit kann etwas Wichtiges reinkommen, ein Kollege um Hilfe bitten oder die Vorgesetzte eben mal den überfälligen Bericht anfordern. Was tun? Höflich absagen – oder ostentativ im Chat die Stulle in den Mund schieben?

Fragen der Etikette sind nicht bedeutungslos. Doch dahinter steht eine viel bedeutsamere Frage: Ist das Homeoffice nun Strafe oder Privileg? Vom Standpunkt eines Monteurs, dem nie eine Wahl gelassen wurde, wo er Autos zusammenschrauben soll, ist Heimarbeit bestimmt ein großer Vorzug. Eine aktuelle Umfrage des Meinungsforschungsunternehmens Civey im Auftrag des Bundesverbandes Digitale Wirtschaft zeigt noch eine überwältigende Mehrheit für die Arbeit zu Hause: 58 Prozent der 1.000 Befragten „wünschen sich dies ausdrücklich, 17,4 Prozent sind noch unentschieden." Das dürfte sich ändern, sobald aus der Krise ein Dauerzustand wird und das Homeoffice heimlicher Standard. Arbeitsminister Hubertus Heil (SPD) jedenfalls machte sogleich deutlich, dass er „mehr Homeoffice ermöglichen, aber nicht erzwingen" wolle. Gegenüber der „Bild am Sonntag" betonte er, dass es auch im Homeoffice einen Feierabend gebe – „und zwar nicht erst um 22 Uhr". Bezahlt wie Angestellte, bei Arbeitszeiten wie Selbstständige? Davon haben sicher nicht alle Büroarbeiter geträumt. Mit den Orten und Zeiten verschwimmen auch die Kategorien. Dazu passt, dass der DGB-Chef die Bürgerversicherung für alle fordert.

Das Homeoffice ist eine Herausforderung – und das gleich in doppelter Hinsicht: soziologisch wie gestalterisch. An der Schnittstelle von Heim und Arbeit prallen Welten aufeinander. So sehr das Büro in den letzten Jahren auch gemütlicher erscheinen sollte und irgendwie lässig, es blieb doch eher ein Ersatz-Zuhause mit einer Ersatz-Familie auf Zeit. Dagegen ist gar nichts zu sagen, nur ist das Homeoffice wirklich eine Gestaltungsaufgabe? Oder doch eher eine Frage der Psychologie? Der Editorial Director eines großen Verlages für Architektur bringt den Zwiespalt auf den Punkt: „Je länger die Krise und damit die Nutzung dauert, desto dringlicher wird das Homeoffice zu einer Gestaltungsaufgabe, für die das Wohlbefinden immer wichtiger wird: Wie können wir das ansonsten auf die Dauer aushalten, ohne ein Ende in Sicht?"

Offenbar nutzten einige die erzwungene Distanz zu umfangreichen Renovierungsarbeiten. Wände streichen, Boden abschleifen, Tapeten ausrollen. Bereits Mitte März verkündete das Pinterest-Presse-Team, dass die Suchanfragen zu „Schreibtisch im Büro organisieren" um 473 Prozent gestiegen seien. Allerdings ging es zugleich um Recherchen wie die für „goldene Milch", also Kurkuma Latte (um 43 Prozent gestiegen) und Stilfragen, etwa nach dem perfekten „Home-Office-Outfit" (plus 82 Prozent). Darf man sich im Schlabberpulli eigentlich vor den Rechner setzen? Natürlich. Wenn schon lässig, dann richtig. Doch soziale Kontrolle per Video-Chat schränkt die persönliche Lässigkeit doch gehörig ein. Dann googelt man Mario Barth, der gespielt verkatert und im Schlafrock die größte aller Stilfragen stellt: Warum überhaupt noch anziehen? Und mit einem Schlag wird deutlich: Nicht jeder ist ein Big Lebowski, der selbst im Pyjama stilvoll einkaufen kann. Offenbar geht es im Homeoffice auch um Selbstachtung.

STADTPLANER GESUCHT: VORWÄRTS IN DIE VERGANGENHEIT

Corona wirkt wie eine gigantische Vereinzelungsmaschine, und das kann auch modernste Technik gerade mal einige Zeit übertünchen. Was also ist hier die Aufgabe von Architektur und Design? Eines jedenfalls ist sicher: Die Zeiten, in denen Bürobauten als unbedingte Assets im Portfolio der Immobilienwirtschaft galten, sind wohl vorbei. Das Büro als Institution wird nicht aussterben. Es kann aber sein, dass ein Drittel aller Arbeitsplätze gar nicht dorthin zurückkehrt, sondern als stille Reserve ins traute Heim abwandert. Das muss nicht per se schlecht sein, denn die Luft in der Stadt wird spürbar besser.

Homeoffice wirkt wie ein Befreiungsschlag gegenüber der funktionsgetrennten Stadt der Moderne, fein säuberlich aufgeteilt nach Industrie, Gewerbe und Wohnen, gemäß den Prinzipien des Congrès Internationaux d'Architecture Moderne (CIAM) von Athen – eine Fehlentwicklung, zusammen mit der Ideologie der autogerechten Stadt. Damit klinkt sich das Homeoffice ein in einen ganz anderen Konflikt – und zwar in den von Ökologie und Gemeinschaft versus Turbokapitalismus und hemmungslosem Ressourcenverbrauch. Auch wenn niemand weiß, wie gut die Ökobilanz dieses Arbeitsmodells genau aussieht, steht doch fest, dass so manche Fahrt zum Arbeitsplatz entfallen dürfte, zusammen mit Dienstreisen zu Treffen, die viel Stress versprechen – und wenig Konkretes. Wie angenehm höflich wirkten zudem die Video-Chats der letzten Tage, in denen sich Menschen ausreden ließen, zuhörten und tatsächlich nach Lösungen suchten. Auch wenn das Homeoffice gegenüber CIAM wie ein Rücksprung in vormoderne Zeiten wirkt – freilich mit modernsten Kommunikationsmitteln –, ist es doch ein Baustein für eine ökologische Wende.

Corona hat die Art verändert, wie wir miteinander umgehen, reden und uns austauschen. Wir zoomen, skypen und treffen uns zu virtuellen Besprechungen. Wer vor der Krise noch gezögert hatte, moderne Kommunikationsmittel zu nutzen, wird plötzlich zwangsweise upgedated. Zwei Jahre Transformation in Richtung online in zwei Monaten, so nannte dieses Phänomen Microsoft-Chef Satya Nadella kürzlich.

Bits und Bytes sind die Abstandshalter einer Gesellschaft, für die das Treffen unter vier Augen ein exklusiver Genuss wird. Das Digitale wird Standard, alles andere wird sich rechtfertigen müssen. Wenn daraus nicht doch noch die große Überwachungsnummer wird, könnten Umwelt und Gesellschaft gleichermaßen profitieren – weniger allerdings das eigene Heim. Hier geht es gar nicht um geniale Gestaltungstipps, wie mit einem ergonomischen Schreibtisch die letzten Leistungsreserven zu heben sind, hier geht um ganz persönliche Entscheidungen, in die in der Regel weder Architekten noch Designer einbezogen werden.

Das hat sogar einen guten Grund. Der Stadtwanderer und Soziologe Lucius Burckhard meinte einmal, dass Dinge mit so hohem Symbolwert und so geringem Anteil von Erfindung wie das Essbesteck gar nicht Gegenstand von Gestaltung seien. Gleiches könnte man vom Homeoffice annehmen. Hier soll sich jede(r) austoben, wie es gerade gefällt, wenn damit ein Stück Persönlichkeit verbunden ist. Das heißt dann vielleicht nicht mehr „Arbeiten 4.0" oder „New Work". Sondern Arbeitsküche. Oder Schlafcomputerzimmer. Ein ganz normales Stück Heim. Darauf müssen wir uns wohl oder übel einstellen.

LOCKERHEIT ERWÜNSCHT: SCHÖN FLEXIBEL BLEIBEN

My home is my office. Was heißt das nun konkret für die Zukunft der Wohnung, wenn niemand mehr so genau sagen kann, wo die Arbeit eigentlich endet und das Zuhause beginnt? Als halböffentlicher Ort nehmen die eigenen vier Wände jedenfalls selbst hybride Züge an und stellen das Private infrage. Was das mit Menschen machen kann, hat Billy Wilder bereits 1960 mit „The Apartment" gezeigt. Versicherungsagent C. C. „Bud" Baxter fühlt sich von seinem Heim entfremdet, da es zeitweise von seinen Vorgesetzten als Liebesnest genutzt wird. Das „Un-Private-Home" wäre langfristig wohl gefährlicher als alles, was kluge Arbeitswissenschaftler und Innenarchitekten bislang mit dem Büro anstellten, das immer wohnlicher und verspielter, aber eigentlich nur auf Effizienz getrimmt wurde. Sollte das Homeoffice wirklich Standard werden, gilt es, das Home vor dem Office zu schützen.

Der Ansatz, mit Arbeitsstättenverordnungen und DIN-Vorgaben unterm Arm die eigene Wohnung zu ertüchtigen, hier eine Tageslichtleuchte aufzustellen und dort für Mindestabstände zu sorgen, weist in die falsche Richtung. Dürfen Hausaufgaben etwa nicht mehr am Esstisch entstehen, der neuerdings für die Büroarbeit reserviert ist? Das Zuhause ist jedenfalls kein Ort für Büro-Normen. Richtlinien, die der Gesundheit von Arbeitnehmerinnen und Arbeitnehmern verpflichtet sind, sollten der neuen Lebenswirklichkeit angepasst werden, nicht umgekehrt. Wenn Mama oder Papa mit dem Baby im Tragetuch gerade am Computer arbeiten, geht es nicht um Normen, sondern um Minuten. Familienleben, Arbeit und Freunde auf begrenztem Raum unter einen Hut bringen zu müssen, ist für viele unmöglich. Und für manche sogar eine Horrorvorstellung. Selbst in der großzügigen Altbauwohnung ist ein permanentes Arbeitszimmer ein Eindringling. Multifunktionsmöbel, Klappschreibtische und Bürowandelboxen werden dieses Problem nicht lösen.

Es geht um Grundsätzliches. 46,7 Quadratmeter hatten Bundesbürger 2018 im Schnitt zur Verfügung, ein Wert, der seit 2013 kaum mehr wächst. Natürlich ist das luxuriös im Vergleich zu vielen anderen Ländern, zeigt aber auch die Grenzen der bisherigen Bau- und Wohnungspolitik. Wir brauchen nicht noch mehr Mikroapartments, Klein- und

Kleinstwohnungen, sondern neue Wohnformen. Häuser können ruhig flexibler werden. Offener. Vielfältiger. Und experimenteller.

Architekten und Städtebauer schwärmen schon lange von nutzungsoffenen Wohnungen, so etwas wie Gründerzeitsiedlungen 2.0, in denen jedes Schlafzimmer eben auch Büro sein könnte und das Wohnzimmer mal Versammlungsstätte, mal Indianerlager. Das freilich verlangt Raum, den Städte heute schwerlich hergeben. Und plötzlich reden wir von Bodenreform und nicht von zusätzlichen Abschreibungsmöglichkeiten für häuslich genutzte Arbeitszimmer. Es ist auch schwer vorstellbar, dass ungenutzte Bürotürme in der Innenstadt nun Wohnungen werden. Viel wahrscheinlicher klingt ihre Umwandlung in Luxusappartements, von denen C. C. „Bud" Baxter und andere nur träumen können.

Das Homeoffice ist aber nicht nur Schicksal, sondern auch Chance, Städte neu zu denken und den hybriden Arbeits-Lebens-Gemeinschaften ebenso flexible Räume zu geben. Eine Art Gamification der Umwelt, die Standards infrage stellt, Grundrisse und Typologien. Warum nicht ein Erdgeschosszimmer für alle, in das man sich stundenweise einmieten kann, statt die Wohnung mit digitalen Aktenordnern und Video-Botschaften mit Blick auf den Wäscheständer zu entwerten? Nicht zuletzt geht es um zweckfreie Rückzugsräume, die nicht nur zeitlicher Natur sind, sondern reale Räume. Eines ist sicher: Hier wird es keine Standardlösung geben, sondern viele kleine, oft widersprüchliche Kompromisse vor Ort.

Klimaneutral mit Ansage

Die Corona-Krise zeigt: Wenn Umweltschutz und Konsum nachhaltig
sein sollen, darf es kein „Weiter so" geben.
Hier kann die Politik auch auf die Verbraucher zählen.

Von Meike Gebhard

D er anstehende wirtschaftliche Neustart nach der Corona-Krise bietet die große Chance, die Weichen in Richtung Nachhaltigkeit, Klimaschutz und mehr Fairness in den globalen Lieferketten zu stellen. Voraussetzung dafür sind verbindliche Rahmensetzungen, damit unnachhaltiges, klimaschädigendes Verhalten und Menschenrechtsverletzungen nicht länger ein Wettbewerbsvorteil sind.

Noch befinden wir uns mitten in der Corona-Pandemie oder vielleicht auch erst am Anfang. Und doch wird bereits deutlich, dass das staatliche Handeln in der Krisenbewältigung Erwartungen weckt für die Zeit danach. Bei einer Kurzumfrage auf Utopia.de, Deutschlands größtem Nachhaltigkeitsportal, stimmten über 90 Prozent der Befragten der Aussage zu: „Die Politik soll den Klimawandel genauso ernst nehmen wie die Corona-Pandemie!" Das Krisenhandeln politischer Institutionen in Corona-Zeiten zeige, wie schnell und entschlossen dringliche Herausforderungen angepackt werden könnten. Genau das wünschen sich die Befragten auch für die Themen, deren zukünftiger Stellenwert beim Neustart nach der Corona-Krise noch umstritten ist: Nachhaltigkeit und Klimawandel. Mit dieser Erwartung stehen nachhaltigkeitsbewusste Konsumenten nicht alleine da. Immer lauter werden die Stimmen in Wirtschaft, Wissenschaft und Politik, die fordern, dass Programme für den wirtschaftlichen Neu-

aufbau nach dem Abklingen der Pandemie an Kriterien der Nachhaltigkeit ausgerichtet werden.

DIE CORONA-KRISE ALS WEICHENSTELLUNG

Mediale und politische Aufmerksamkeit bekommen auch jene Forderungen, die den (vermeintlichen!) Konflikt zwischen wirtschaftlicher Prosperität auf der einen und ökologischer und sozialer Nachhaltigkeit auf der anderen Seite in den Mittelpunkt stellen. Ihre Position: Wegen der Corona-Krise hätten Unternehmen sowie öffentliche und private Haushalte künftig so geringe finanzielle Spielräume, dass Wachstum und Jobs absolute Priorität genießen sollten. So fordern insbesondere die Lobbyverbände von Industrien, die sich als weniger resilient erwiesen haben, dass unliebsame staatliche Regulierungen oder Gesetzesvorhaben zu Lieferketten, Nachhaltigkeit oder Klimaschutz zurückgefahren werden sollten. Zu den Aufregerthemen gehört zum Beispiel das schon seit längerem diskutierte Lieferkettengesetz. Es soll die Sorgfaltspflichten definieren, die deutsche Firmen im Umgang mit Lieferanten aus Entwicklungsländern künftig einhalten müssten.

Jetzt heißt es aus Teilen von Industrie, aber auch seitens des Handelsverbands Deutschland: Es sei „absolute Unzeit", über ein Lieferkettengesetz zu diskutieren. Ähnliches beim Klimaschutz: So bekennt sich der BDI zwar offiziell zum europäischen Ziel der Klimaneutralität im Jahr 2050, fordert aber gleichzeitig, die Zwischenziele für 2030 aufgrund der veränderten wirtschaftlichen Lage auf den Prüfstand zu stellen. Die Automobilbranche versucht, die angekündigte Verschärfung der CO_2-Grenzwerte von Autos zu verhindern, und fordert gleichzeitig Kaufprämien für Neuwagen – egal, wie viel CO_2 sie ausstoßen. Airlines intervenieren gegen Kerosinsteuern und der Bauern- Dachverband versucht, Landwirte vor längst überfälligen schärferen Umweltauflagen zu bewahren.

GRÜNER WIEDERAUFBAU ALS HISTORISCHE CHANCE

In den vergangenen Wochen begegnet man aber auch einer gänzlich anderen Haltung, die darauf hoffen lässt, dass aus der Coronavirus-

Pandemie Lehren für die Zukunft gezogen werden: So stellt die Leopoldina in ihrem im April veröffentlichten Gutachten fest: „Angesichts der tiefen Spuren, welche die Coronavirus-Krise hinterlassen wird, vor allem aber wegen der mindestens ebenso bedrohlichen Klima- und Biodiversitäts-Krise kann es nicht einfach eine Wiederherstellung des vorherigen Status geben ... Staatliche Maßnahmen, die nach dem Abklingen der Pandemie wirtschaftliche Tätigkeit wieder anstoßen, sollten daher die Kriterien der Nachhaltigkeit in den Vordergrund stellen." Angela Merkel sprach sich gemeinsam mit UN-Generalsekretär António Guterres beim Petersberger Klimadialog überraschend deutlich für einen klimafreundlichen Neustart nach der Corona-Krise und eine Verschärfung der Klimaziele der EU aus.

Die Stiftung 2° richtete sich in einem Appell für ambitionierten Klimaschutz an die Bundesregierung, den 68 große deutsche Unternehmen aus allen Branchen unterzeichnet haben, Krisenbewältigung und Klimapolitik eng zu verzahnen und Unternehmen durch langfristig gedachte Konjunkturprogramme und verlässliche Rahmenbedingungen dabei zu unterstützen, die Pariser Klimaziele zu erreichen. Auch die Entscheidungsträger bei der EU wollen an ihrem „Green Deal" festhalten und dafür Sorge tragen, dass Konjunkturpakete in Folge des Covid-19-Ausbruchs nicht gegen die Prinzipien des European Green Deal verstoßen dürfen. Im April kündigte EU-Justizkommissar Didier Reynders an, 2021 einen Gesetzesentwurf für ein europäisches Lieferkettengesetz vorzulegen.

Der Umbau zu einer klimaneutralen Wirtschaft, der Schutz der Artenvielfalt und die Umgestaltung der Agrar- und Lebensmittelindustrie bieten den Gesellschaften Europas die historische Chance, wirtschaftlichen Wiederaufbau und Nachhaltigkeit zu verzahnen, neue Jobs zu schaffen und dazu beizutragen, unsere Gesellschaften widerstandsfähiger zu machen. Insofern ist dem früheren Bundesaußenminister Joschka Fischer beizupflichten, wenn er davor warnt, diese „historische Chance" zu vertun und auf eine „industriepolitische Restauration" zu setzen. Denn dann würde aufgrund der Dimension der jetzigen Konjunkturprogramme ein später nötiges drastischeres Umsteuern extrem schwierig werden. Was wir jetzt brauchen, ist nicht weniger, sondern mehr Nachhaltigkeit, „hat doch gerade die Covid-19-Krise uns allen quasi im Zeitraffer vor Augen geführt, dass sich eine Menschheit von knapp acht Milliarden Menschen, die von einer globalisierten Wirtschaft abhängt, den Luxus infantiler Verdrängung unerwünschter Tatsachen einfach nicht mehr erlauben kann und darf" (Joschka Fischer in politik & kommunikation).

MIT FREIWILLIGKEIT ALLEIN KOMMEN WIR NICHT WEITER

Ein erfolgreicher Post-Corona-Weg Richtung Nachhaltigkeit ist ohne starkes staatliches Handeln und klare Rahmensetzungen durch den Gesetzgeber schwer vorstellbar. Bislang setzt die deutsche Politik vor allem auf freiwillige Selbstverpflichtungen der Wirtschaft, wenn es um Nachhaltigkeitsanforderungen geht. Mit mäßigem Erfolg. Denn wenn es keine verbindlichen Regeln für alle gibt, sind die „Guten" allzu oft am Ende doch die „Dummen".

Wer als Textilunternehmen existenzsichernde Löhne in den Herstellungsländern zahlen will, wer Kaffee, Kakao oder Bananen zu fairen Preisen einkaufen will, muss seine Produkte entsprechend teurer anbieten – und sieht sich dadurch oft mit Wettbewerbsnachteilen konfrontiert. Wer hingegen alle Verantwortung an die Zulieferer in den Herkunftsländern delegiert, kann mit billigeren Produkten beim Verbraucher punkten. Menschenrechtsverletzungen und Umweltzerstörung als Wettbewerbsvorteil – viel zu oft ist das der perverse Status quo.

Gleiches gilt beim Thema Klimaschutz: Noch wird klimaschädigendes Verhalten von Konsumenten und Unternehmen mit Kosten- und Wettbewerbsvorteilen „belohnt". Wer auf die Zulassungszahlen von SUVs in Deutschland, die steigende Zahl von Flugbewegungen oder den Fleischkonsum in Deutschland im vergangenen Jahrzehnt schaut, dem muss klar sein, dass wir allein mit moralischen Appellen nicht zu einer CO_2-neutralen Gesellschaft werden. Sondern nur über einen angemessenen Preis. Mit einem niedrigeren CO_2-Preis hingegen werden auch beim Klimaschutz die „Vorreiter" bestraft. Die Folgekosten klimaschädlichen Verhaltens werden vergesellschaftet, Investitionen in eine klimaneutrale Zukunft abgewürgt. Mit dem Ende 2019 verabschiedeten Klimaschutzgesetz und der beschlossenen schrittweisen

Anhebung des CO_2-Preises wurde auch hier ein erster – wenn auch kleiner – Schritt in die richtige Richtung getan.

Lange Zeit dominierte bei Wirtschaft wie Politik die Überzeugung, dass Unternehmen das Heft des Handelns in Form von freiwilligen Selbstverpflichtungen lieber selber in die Hand nehmen sollten, statt sich vom Staat regulieren zu lassen. In jüngster Zeit dreht sich die Stimmung, in der Öffentlichkeit, bei Nichtregierungsorganisationen und auch bei vielen Unternehmen. 2019 war das Jahr, in dem auf Nachhaltigkeitskonferenzen immer häufiger der Satz zu hören war: „Ohne staatliche Regulierung kommen wir nicht weiter." In der Post-Corona-Zeit wiegt dieser Satz noch schwerer. Wenn die Krise eine Chance sein soll für mehr Nachhaltigkeit, dann führt an staatlicher Regulierung im Sinne eines Green Deal kein Weg vorbei.

POLITISCHER MUT IST GEFRAGT

Die Corona-Krise zeigt schonungslos, wohin uns die Vernichtung und Abnahme der Widerstandsfähigkeit von Ökosystemen, der Klimawandel und endlos lange Lieferketten geführt haben: zu mehr Verletzbarkeit und weniger Krisenfestigkeit. Gleichzeitig demonstriert sie, wie durch entschlossenes staatliches Handeln eine Krise globalen Ausmaßes eingedämmt werden kann.

Die Erfahrungen der vergangenen Wochen sollten die politischen Entscheidungsträger in Berlin und Brüssel ermutigen. Denn in dieser Krise steckt auch ein politisches Learning: dass eine wissenschaftsgestützte Politik, die den Menschen schonungslose Wahrheiten und persönliche Einschränkungen zumutet, nicht per se abgestraft wird. Fragt man die Menschen direkt, wie sich die Corona-Krise auf ihr persönliches Konsumverhalten auswirken wird, sagt eine Mehrheit, dass sie nach Corona insgesamt nachhaltiger konsumieren wollten. So kommt eine aktuelle Umfrage der Unternehmensberatung Accenture, die in 15 Ländern durchgeführt wurde, zu dem Ergebnis, dass die Coronavirus-Pandemie das Verbraucherverhalten dauerhaft zugunsten von Nachhaltigkeit und Gesundheit verändern könnte. Und eine Befragung der Nachhaltigkeitsplattform Utopia.de liefert Hinweise darauf, in welche Richtungen diese Veränderungen gehen könnten: zugunsten der Unterstützung lokaler Anbieter und Kauf regionaler Produkte. Mehr Fokus auf Bio und Qualität beim Einkaufen. Und in Richtung Suffizienz („Dinge, auf die man verzichten kann").

Die Corona-Krise ist eine Zäsur. Durch sie wird so viel ökonomisch, ökologisch und sozial Fragwürdiges schonungslos offengelegt, dass eine Kurskorrektur unumgänglich ist. Das Fenster der Möglichkeiten steht dafür heute so weit offen wie nie zuvor. Auf allen Ebenen: Wirtschaft, Politik und Zivilgesellschaft. Wir sollten diese Chance nutzen – mutig und entschlossen.

Mit gutem Klima in Frieden leben

Eine nachhaltige Wirtschaft hilft nicht nur gegen die Erderwärmung – sie verhindert auch gefährliche Konflikte. Und der Einstieg ist gar nicht so schwer.

Von Claudia Kemfert

I n der Corona-Krise haben wir fast weltweit die Wirtschaft von einem Tag auf den anderen heruntergefahren. Es gibt vereinzelt Stimmen, die der aktuellen Situation durchaus Positives abgewinnen: Es sinken die globalen Emissionen, in den Städten kehrt Ruhe ein, Flora und Fauna erholen sich. Doch sicher will niemand dauerhaft Umwelt- und Klimaschutz mit dem Schrecken und Leid einer Pandemie bezahlen. Wenn wir in der Corona-Krise jetzt vor der Frage stehen, ob und wann wir den Reset-Knopf drücken, dann haben wir nicht nur die Wahl zwischen Pest und Cholera. Zwischen Covid-19 und Klimawandel gibt es etwas Drittes: Wir könnten ein gesellschaftliches Update installieren, ein Update, in dem Wirtschaft und Nachhaltigkeit Hand in Hand gehen.

Die Verantwortlichen in der Politik sind dabei genauso gefragt wie jeder einzelne Mensch. Es geht vor allem darum, jegliches Wirtschaften komplett auf Nachhaltigkeit und Klimaschutz auszurichten. Dies braucht einen bunten Strauß an Instrumenten aus Ordnungsrecht und ökonomischen Rahmenbedingungen. Die Politik muss die Instrumente bauen und zur Verfügung stellen; die Menschen müssen dann verantwortungsbewusst, kreativ und harmonisch auf ihnen spielen.

Das Ende des fossilen Zeitalters und die Dekarbonisierung der Wirtschaft sind nicht mehr aufzuhalten. Der Preisverfall an den Ölmärkten zeigt, dass wir in die Phase des fossilen Schlussverkaufs eintreten. Eine Energiewende-Welt mit 100 Prozent erneuerbaren Energien ist technisch machbar, aber vor allem ist sie ökonomisch, ökologisch und sozial vernünftig und lohnend. Denn schon lange weiß die Wissenschaft, dass der ungebremste Klimawandel uns mehr kosten wird als die notwendigen Klimaschutzmaßnahmen für das beim Klimagipfel 2015 in Paris vereinbarte 1,5-Grad-Ziel.

Der Klimawandel ist brutal und ungerecht. Seine größten Verursacher sind die reichsten Profiteure der fossilen Energien, und sie haben am wenigsten mit seinen Folgen zu kämpfen. Die größten Klimaschäden treffen jene, deren Treibhausgas-Emissionen am allerniedrigsten sind. Hinzu kommt, dass die Emissionen dort zu Buche schlagen, wo produziert wird, nicht dort, wo konsumiert und verbraucht wird. Die Ärmsten der Welt müssen die Folgen eines Energieverbrauchs tragen, den die wohlhabenden Industrieländer zu verantworten haben und nicht zu ändern bereit sind.

Wenn die Weltnationen nicht nur Klimaziele formulieren, sondern auch tatkräftig und entschlossen konkrete Maßnahmen ergreifen, um diese Ziele zu erreichen, dann kann unser im Weltmaßstab kleines Deutschland in seiner Vorbildfunktion große Wirkung haben. Nicht zuletzt als Friedensstifter. Denn die meisten aktuellen Kriege sind schon heute Konflikte um mangelnde Ressourcen. Energie ist eine der wichtigsten Ressourcen für die Wirtschaft aller Staaten. Wer sich nicht um Ölquellen streiten muss, weil Solarzellen auf den Hausdächern die regionale Wirtschaft beflügeln, findet vielleicht auch friedliche Wege für ein fruchtbares soziales Miteinander. Wer hier innovative Ideen und zukunftsweisende Impulse liefert, kann so manchen Konflikt aus der Welt schaffen. Als Land der Erfinder und Ingenieure könnten wir auf diese Weise Energie und Frieden in der Welt verbreiten.

Ob in den USA oder in Afrika, in Indien, China oder in Deutschland: Die erneuerbaren Energien und der Klimaschutz sorgen schon heute überall auf der Welt für Bildung und Wohlstand. Die Energiewende sorgt dafür, dass Strom bezahlbar wird, Kinder einen Schulabschluss und Frauen eine Ausbildung machen können. Die Energiewende entschärft geopolitische Konflikte, verhindert Kriege um Ressourcen und ermöglicht medizinische Versorgung. Die Energiewende bietet Menschen, die sonst mangels Perspektive aus ihrer Heimat flüchten müssten, eine Zukunft und eine Existenzgrundlage. Kurz: Die Energiewende ist die wichtigste Antwort auf die in aller Welt schwelenden Konflikte, den Terror, die Angst und die Armut.

Es bedarf eines kompletten Umsteuerns in allen Bereichen: Ab sofort muss jede Investition statt in fossile in erneuerbare Energien fließen. Das Motto lautet: „Renewables first"! Also Schluss mit Subventionen für fossile oder atomare Energien. Stattdessen müssen die Folgeschäden endlich eingepreist werden. Wenn Öl, Gas und Kohle so teuer wären, wie sie es in Wahrheit sind, würden die Leute mit großer Begeisterung auf Wind, Wasser, Sonne und Geothermie umsteigen.

Wir brauchen eine Regulierung der Finanzmärkte für attraktive Investitionen in die globale Energiewende. Dazu müssen für alle erneuerbaren Energien – ob Wind-, Wasser- Solarenergie, Geothermie oder Biomasse – Kapazitäten ausgebaut werden. Außerdem müssen vielfältige Flexibilitäts-Optionen miteinander kombiniert werden, um die Integration fluktuierend (also mit schwankender Leistung) einspeisender Wind- und Solarenergieanlagen optimal zu gewährleisten.

Das ist der Anfang und mit dem entsprechenden politischen Willen leicht umzusetzen. Dann geht's weiter mit dem nächsten Schritt: Alle Produkte müssen nachhaltig und recycelbar sein. Die Mobilität sollte öko-elektrisch und klimaneutral sein. Auch das kann man durch entsprechende Rahmenbedingungen ermöglichen und einen Wettbewerb klimabewusster Ökonomie in Gang setzen. Am Ende der Energiewende steht ein völlig neues, dezentrales, flexibles und dynamisches System.

Ohne Zweifel ist ein solcher Umbau mit großen Unsicherheiten verbunden. In der aktuellen Corona-Krise lernen wir im Crashkurs, solche Unsicherheiten auszuhalten. Zwar wird allenthalben nach einer starken Hand gerufen, aber unser föderaler Staat mit seinen demokratischen Checks-and-balances-Strukturen erweist sich im internationalen Vergleich durchaus als ethisch und ökonomisch wettbewerbsfähig. Bürgerinnen und Bürger zeigen sich derzeit in sehr viel stärkerem Ausmaß bereit, neue Wege zu gehen, als mancher gedacht hätte. Technische Innovationen werden wohlwollend akzeptiert. Neue Kultur- und Arbeitstechniken beim Shopping oder im Homeoffice werden erlernt, die Gesellschaft zeigt bewundernswert steile Lernkurven.

Corona- und Klimakrise weisen Ähnlichkeiten in Ablauf und Lösung auf. Covid-19 zwingt uns in jeder Hinsicht zur Fokussierung auf die kurzfristige Lösung. Beim Klimaschutz gibt es viel zu tun, aber wir haben dabei eine längere Perspektive. Deswegen ist es angebracht, schon jetzt – also noch inmitten der aktuellen Corona-Krise – mitzudenken, wie wir in der Bewältigung der ersten auch gleich die zweite Krise in Angriff nehmen können. Wie können wir die drohende Klimakrise verhindern oder zumindest abmildern?

Die Wissenschaft hat vor Pandemien lange gewarnt und auf Basis früherer Erfahrungen mit den Coronavirus-Krankheiten Sars und Mers entsprechende Szenarien für ähnliche Krisen erstellt. Auch vor der Klimakrise haben Wissenschaftler lange gewarnt und Vorschläge entwickelt, um die Emissionen nicht zu sehr ansteigen zu lassen („Flatten the curve"). Inzwischen merken wir, dass sich die Negativ-Szenarien bewahrheiten. Für beide Krisen gilt: Je stärker wir die Infektionsmöglichkeiten begrenzen und je früher wir die Emissionen senken, desto länger haben wir Zeit. Wir müssen heute handeln, um die Katastrophen von morgen und übermorgen zu verhindern. Wir müssen Entscheidungen treffen und Prioritäten setzen. Wir müssen Bewährtes fortführen, aber auch Experimente wagen. Dafür brauchen wir Grundlagen, Wissen, Fakten, Erkenntnisse und jede Menge Kraft.

Bei der Corona-Krise lernen wir zudem, wie sehr es in einer starken Demokratie auf uns alle ankommt. Nichts ist derzeit so wichtig wie verantwortungsbewusste und verbindliche Solidarität. Davon können wir im Hinblick auf den Klimaschutz lernen. Es geht um einen Generationenvertrag: Heute stärken die Jungen die Alten durch ihr konsequentes Social-distancing-Verhalten. Morgen stärken die Alten die Jungen dann durch konsequenten Klimaschutz.

Derzeit werden wir mit der Nase drauf gestoßen, über die unantastbaren Prinzipien der Demokratie nachzudenken – und für sie einzutreten. Selten zuvor wurde so intensiv über Reise- und Meinungsfreiheit, Versammlungs- und Religionsfreiheit als zentrale Werte diskutiert. Es gibt eine große Sensibilität dafür, dass jede staatliche Machtausübung durch das Volk legitimiert sein muss. Und dass wir alle dafür Sorge tragen müssen, dass das so bleibt – auch wenn wir vorübergehend auf bestimmte Freiheiten verzichten. Es geht nicht nur um uns selbst und den eigenen Konsum, sondern um die Familie, die Freunde, die Schule, die Organisation, den Betrieb, die Stadt, ja, plötzlich geht es um die ganze Welt. Unser Tun hier und jetzt hat Auswirkungen auf Menschen morgen und überall. Wir übernehmen Verantwortung, die größer ist als unser individuelles Handeln.

WIR BRAUCHEN EINE FEHLERKULTUR, BEI DER ALLE DAZULERNEN DÜRFEN

Auch Klimaschutz braucht Engagement und lebt von Partizipation. Die „große Klimalösung" finden wir also nur, indem wir möglichst viele verschiedene Projekte der Bürgerbeteiligung starten und erfolgreich durchführen. Auch neue Formen der Zusammenarbeit zu entdecken, kann ein Beitrag für eine nachhaltige Zukunft sein. Wir sollten ausprobieren, mit welchen Methoden eine Gruppe möglichst unterschiedlicher Menschen am effizientesten zu gemeinsamen Verabredungen kommt. Beginnen wir eine moderne Lern- und Fehlerkultur, bei der alle Beteiligten ohne Sorge scheitern und daraus lernen dürfen! Arbeiten wir mit Zutrauen statt mit Druck! Loben wir Mut, feiern wir Erfolg, entzünden wir ein Feuerwerk der Ideen und Taten und geben wir Gedankenfreiheit!

Jetzt geht es darum, Strukturen zu schaffen, um allen beteiligten Menschen Sicherheit zu geben, dass ihre Verhaltensänderung zugunsten des Klimas keine negativen Auswirkungen beispielsweise auf ihre soziale Teilhabe oder ihre Mobilität hat. Wir brauchen Ideen und originelle Anreize, um zu einer nachhaltigeren Lebensweise zu motivieren.

Wieso nicht beim nächsten Vereinsfest vegetarische Würste oder Gemüse auf den Grill legen? Wieso den Gästen im Unternehmen nicht ein ÖPNV-Ticket statt einer Parkmünze geben? Warum auf der Webseite die Anreise von der Autobahn beschreiben, aber nicht die bequemste Fahrt mit dem ÖPNV oder die sicherste und schönste Strecke mit dem Rad? Und so geht's weiter: Wie wäre es mit Büroschlüsseln, die wie im Hotel als Zimmerkarten und Elektroschalter funktionieren? Wie wäre es mit Bewegungsmeldern in Toiletten, Fluren und Treppenhäusern? Wie wäre es mit Leihrädern auf dem Gelände und individuellen Dienst-(E-)Rädern? Wie wäre es mit wiederverwendbaren Coffee-to-go-Bechern auch an Betriebs-Kaffeeautomaten?

AUCH DER SIEGESZUG DES AUTOS HAT NUR ZEHN JAHRE GEDAUERT

Es gibt viele Möglichkeiten, nicht nur die unmittelbare Umgebung, sondern auch die „große" Politik mitzubestimmen. Vor allem brauchen wir neue Ideen und Menschen, die sie entwickeln. Dabei können wir gar nicht radikal genug denken. Die britische Universität Cambridge hat eine neue Forschungsstelle geschaffen, an der sie radikale Lösungen für den Klimawandel erforschen will. Wem Cambridge zu weit weg ist, der kann vor der eigenen Haustür anfangen. Sind die Klimaziele 2030 überhaupt noch erreichbar? In zehn Jahren kann viel passieren. Der Umstieg von der Pferdekutsche hin zum Automobil hat nur wenige Jahre gedauert. Dies zeigen Fotos, die bei einer Osterparade auf der Fifth Avenue in New York aufgenommen wurden: Im Jahr 1900 war sie voller Pferdekutschen, zehn Jahre später voller Automobile. Dass es in kürzester Zeit durchaus möglich ist, einen vollständigen Wandel herbeizuführen, erleben wir auch aktuell im Corona-Stresstest.

Über die Grenzen des Wachstums, über Umwelt- und Klimaschäden als Folge unseres Wirtschaftens diskutieren wir schon über 40 Jahre. Wir stehen am Wendepunkt. Wir können etwas ändern, wenn wir wollen – in der Stadt, auf dem Land, überall auf der Welt. Die Zukunft ist demokratisch, divers, vernetzt, intelligent, partizipativ, resilient, grün, zirkulär. Gesünder, gesellschaftlicher, glücklicher. Jetzt muss endlich gehandelt werden. Jetzt beginnt ein neues Jahrzehnt. Es beginnt eine neue Woche. Mondays for Future. Packen wir es an!

Gerecht die Klimakrise lösen

Um die Klimakrise zu stoppen, sind – wie in der Corona-Krise – grundlegende gesellschaftliche Veränderungen notwendig. Für beide Krisen gilt jedoch: Autoritäre Staatsmacht, Abschottung und Nationalismus sind nicht die Lösung.

Von Ronja Weil und Maximilian Becker

Haben Sie die Nachricht mitbekommen, dass der vergangene Winter im Durchschnitt vier Grad zu warm war und die Klimakrise damit einen neuen traurigen Höhepunkt erreicht hat? Wahrscheinlich nicht. Der mediale Diskurs, die Politik und die Alltagsgespräche konzentrieren sich aktuell auf eine andere, eine neue globale Krise: die Corona-Pandemie. Um massenhaft Leid zu vermeiden, muss die Ausbreitung von Corona so schnell wie möglich gestoppt werden, das ist klar. Die Klimakrise darf jedoch nicht zu einem Thema unter „ferner liefen" werden Sie ist nach wie vor eine akute Bedrohung für Millionen Menschen weltweit.

Corona sorgt aktuell für einen massiven gesellschaftlichen Umbruch. Ein solcher Umbruch droht uns auch in der Klimakrise. Es ist deshalb wichtig zu analysieren: Was können wir als Gesellschaft aus dem Umgang mit Corona im Hinblick auf den menschengemachten Klimawandel lernen – und was müssen wir auf jeden Fall anders machen?

Zunächst einmal müssen wir feststellen: Sowohl die Corona-Pandemie als auch die Klimakrise sind vor allem soziale Krisen. Sie verschärfen die bestehenden Ungerechtigkeiten. Anders als oft verlautbart wird, sind vor Pandemien und Naturkatastrophen nicht alle Menschen gleich. Corona trifft Beschäftigte in Dienstleistungsberufen besonders hart, sie müssen ihrer Arbeit trotz hoher Ansteckungsgefahr weiter

118

nachgehen. Und während Managerinnen und Manager im Homeoffice sitzen, müssen Arbeiter und Arbeiterinnen weiterhin am Band stehen. Auch die globalen Ungerechtigkeiten verschärfen sich durch Corona: Während in Deutschland ein Mindeststandard an medizinischer Versorgung sichergestellt ist, wären die Folgen eines Ausbruchs des Coronavirus in Moria auf Lesbos oder im kenianischen Flüchtlingslager Dadaab verheerend. Ähnliches gilt bei der Klimakrise: Länder im globalen Norden können sich besser gegen Wetterveränderungen, Ernteausfälle, Stürme und Überschwemmungen wappnen als Staaten im globalen Süden. Im Gegensatz zur Corona-Krise weist die Klimakrise sogar eine doppelte Ungerechtigkeit auf: Die Menschen im globalen Süden, die am wenigsten zum menschengemachten Klimawandel beigetragen haben, werden einen Großteil der Folgen zu tragen haben. Aber auch hierzulande werden arme Menschen stärker von den Folgen der Klimakrise betroffen sein als reiche.

Ein zentraler Unterschied zwischen Corona und der Klimakrise zeigt sich darin, wie die Politik mit ihnen umgeht. In Deutschland hat eine große Koalition, die im Klimabereich seit Jahren handlungsunwillig ist, angesichts der Corona-Krise unter Beweis gestellt, dass es sehr wohl möglich ist, die schwarze Null außer Kraft zu setzen und Milliardenhilfen zur Verfügung zu stellen. Aber zugleich bewies sie auch, dass sie im Handumdrehen Grundrechte außer Kraft setzen kann. Staatlich angeordnete Grenzschließungen, Kontaktverbote und teilweise Ausgangssperren mögen angesichts der Corona-Pandemie medizinisch sinnvoll sein. Für die Gesellschaft und unsere Demokratie aber bergen sie große Gefahren. Und auf keinen Fall dient dieses staatliche Handeln in der aktuellen Situation als Vorbild für das Handeln in der Klimakrise.

Die Lösung für die Klimakrise ist nicht ein „Klimanotstand", mit dem der Staat unsere Bewegungsfreiheit einschränkt. Die Lösung für die Klimakrise sind nicht milliardenschwere Rettungspakete für einen maroden Kapitalismus. Die Lösung für die Klimakrise sind nicht Abschottung und nationale Alleingänge. Die Lösung für die Klimakrise endet nicht an der Landesgrenze. Kurzum: Die Lösung für die Klimakrise ist nicht der „starke Staat". Stattdessen liegt die Lösung der Klimakrise in einem Systemwandel: weg von einem Kapitalismus mit einem inhärenten Wachstumszwang. Hin zu einem System der Klimagerechtigkeit. Hin zu einer grundsätzlichen Umstrukturierung unserer Gesellschaft, einer anderen Art miteinander zu leben und zu wirtschaften. Hin zu einem System, das die Bekämpfung der Erderwärmung und den Abbau sozialer Ungleichheit gleichermaßen n den Blick nimmt.

Corona ist keine Blaupause, die zeigt, die wir die Klimakrise stoppen können, sondern vielmehr eine Warnung: Wenn der Kapitalismus versagt, wünschen sich plötzlich große Teile der Bevölkerung, selbst Neoliberale, einen starken Staat. Für eine freie, offene und emanzipatorische Gesellschaft kann das nicht die Antwort sein. Was wir stattdessen benötigen ist Gerechtigkeit. In Zeiten von Corona braucht es internationale Solidarität, den Abbau sozialer Ungleichheit und Umverteilung. In der Klimakrise lautet unsere Antwort: Klimagerechtigkeit statt Nationalismus. Wir können Grenzschließungen nicht akzeptieren, wenn vor den Grenzen Menschen sterben. Wir wollen ein gutes Leben für alle Menschen, überall auf der Welt. Wir wollen Solidarität mit allen, die körperlich oder ökonomisch benachteiligt sind. Dafür reicht aber kein Ruf nach dem starken Staat, weder bei Corona noch in der Klimakrise. Klimagerechtigkeit müssen wir weiterhin selbst erkämpfen. Und das werden wir auch in Zukunft tun. Eben weil der letzte Winter 4 Grad wärmer war, der globale Süden die Hauptlast der Klimakrise davonträgt und unser jetziges System Krisen befeuert und nicht in der Lage ist, sie zu löschen.

Die Wirtschaft ist für alle da

In der Gemeinwohl-Ökonomie verpflichten sich die Unternehmen, ihr Handeln an Prinzipien wie Nachhaltigkeit und Gerechtigkeit zu orientieren – und in ihren Bilanzen darüber Rechenschaft abzulegen.

Von Daniela von Pfuhlstein

Die Corona-Pandemie wirft ebenso wie die Klimakrise grundsätzliche Fragen auf: Ist es nicht letztlich unser kapitalistisches, auf Wachstum basierendes Wirtschaftssystem, das die Krisen verschlimmert, wenn nicht gar auslöst? Und wenn ja: Was könnte die Alternative zum Bestehenden sein? Die Gemeinwohl-Ökonomie (GWÖ) bietet ein Modell zur Transformation der Wirtschaft.

In den vergangenen Wochen hat die GWÖ eine Reihe von Empfehlungen und Maßnahmen zum Umgang mit der Krise und für die Post-Corona-Zeit publiziert.

Eine Wirtschaft, die sich am Gemeinwohl orientiert, ist die einzige Lösung, um künftigen Generationen einen gesunden und bewohnbaren Planeten zu hinterlassen. Die Grundidee der Gemeinwohl-Ökonomie ist keine neue Erfindung, sondern schon in zahlreichen Verfassungen verankert: „Die gesamte wirtschaftliche Tätigkeit dient dem Gemeinwohl", lautet Artikel 151 der Bayerischen Verfassung, und Artikel 14 des Grundgesetzes besagt: „Eigentum verpflichtet. Sein Gebrauch soll zugleich dem Wohle der Allgemeinheit dienen." Konträr dazu fördert das bestehende Wirtschaftsmodell wachsende Gefahren für die Menschheit: Klimawandel, Verlust an Artenvielfalt, aber auch die aktuelle Pandemie.

Die Gemeinwohl-Ökonomie dagegen ist ein alternatives Wirtschaftsmodell, das auf Grundwerten wie Nachhaltigkeit, Kooperation und Gerechtigkeit basiert, statt auf Profitmaximierung und Wettbewerb zu setzen. Entsprechend soll ein Gemeinwohl-Produkt das Bruttoinlandsprodukt als Erfolgsmaß für Volkswirtschaften ablösen. Der Publizist Christian Felber gründete 2010 in Österreich die Bewegung der Gemeinwohl-Ökonomie – basierend auf seinem gleichnamigen Buch – gemeinsam mit Unternehmen, die ihre soziale und ökologische Verantwortung erkannten. Mittlerweile ist die NGO institutionell in 17 Ländern vertreten und setzt sich international für die Transformation der Wirtschaft zu einer ethischen Marktwirtschaft ein, die das Gemeinwohl ins Zentrum wirtschaftlicher Entscheidungen rückt.

Gemeinwohlorientierte Unternehmen achten auf Werte wie Menschenwürde, Solidarität, soziale Gerechtigkeit, ökologische Nachhaltigkeit sowie Transparenz und Mitentscheidung, und sie legen dies in einer Gemeinwohl-Bilanz offen. Wie gelebte Gemeinwohl-Ökonomie aussehen kann, haben mittlerweile über 600 Unternehmen in einer entsprechenden Bilanz dokumentiert. Die Gemeinwohl Bilanz bietet einen 360-Grad-Blick auf das ganze Unternehmen. Das Ergebnis wird in einem Punktesystem dargestellt, so dass der Beitrag der einzelnen Unternehmen zum Gemeinwohl vergleichbar wird. Dabei werden Punkte nur für solche Aktivitäten vergeben, die über die Erfüllung des gesetzlichen Mindeststandards hinausgehen. Die Basis dafür ist die Gemeinwohl-Matrix. Sie ermöglicht eine umfassende, systematische Betrachtung der Aktivitäten in Bezug auf alle Interessensgruppen. Durch die GW-Bilanz wird differenziert angezeigt, in welchen Bereichen ein Beitrag zum Gemeinwohl geleistet wird und wo noch Entwicklungspotenziale liegen.

Unternehmen: Mittlerweile erstellen einige sehr bekannte Unternehmen, beispielsweise der Outdoor-Produzent Vaude Sport oder die Sparda-Bank München, regelmäßig eine Gemeinwohl-Bilanz. Dazu kommen zahlreiche kleine und mittelständische Unternehmen der produzierenden Industrie und des Handwerks sowie Energieversorger und Firmen aus dem Online- Handel oder dem Lebensmittelbereich.

Bildungseinrichtungen: Neben Unternehmen sehen auch Bildungseinrichtungen die Vorteile einer Gemeinwohl-Bilanzierung. Eine Reihe von Schulen und Hochschulen haben GW-Bilanzen erstellt. Immer mehr Schulen und Hochschulen thematisieren die Gemeinwohl-Ökonomie auch in ihren Bildungsangeboten. An der Universität Valencia gibt es den weltweit ersten GWÖ-Lehrstuhl, und das Studienzentrum Saalfelden in Österreich bietet in Kooperation mit der Fachhochschule Burgenland den Masterstudiengang „Angewandte Gemeinwohl-Ökonomie" an. Zudem ist die Gemeinwohl-Ökonomie Thema einer Vielzahl von wissenschaftlichen Arbeiten.

Gebietskörperschaften: Auch für Gemeinden ist die Gemeinwohl-Ökonomie und vor allem die entsprechende Bilanzierung ein handhabbares Modell zur Umsetzung ihrer Verpflichtung zum Gemeinwohl. Einige Gemeinden unterstützen privatwirtschaftliche Unternehmen bei der Erstellung einer GW-Bilanz finanziell. Elf Gemeinden zwischen Norddeutschland und Südtirol haben bereits eigene Gemeinwohl-Bilanzen erstellt, und eine Vielzahl hat kommunale Unternehmen GW-bilanziert. Mehrere Gemeinden können sich zu einer „Gemeinwohl-Region" zusammenschließen. Aktuell ist der Kreis Höxter in Nordrhein-Westfalen auf dem Weg, die erste „Gemeinwohl-Region" Deutschlands zu werden. Acht regionale Regierungen in Spanien, Österreich und Deutschland haben die GWÖ in ihre Regierungsprogramme aufgenommen.

Politische Unterstützung: Nicht nur in der Regionalpolitik, auch international findet die Gemeinwohl-Ökonomie politische Unterstützung und Zustimmung. 2015 votierte der EU-Wirtschafts- und -Sozialausschuss in einer Initiativstellungnahme für die GWÖ und bezeichnete sie in einer zweiten, von der Kommission beauftragten Stellungnahme als „neues nachhaltiges Wirtschaftsmodell". Im Rahmen der UN-Weltklimakonferenz erhielt die erste gemeinwohlbilanzierte Krankenkasse (BKK ProVita) gemeinsam mit dem vegan-vegetarischen Verein ProVeg Deutschland e. V. Den Klimaschutzpreis Climate Action Award 2018 der Vereinten Nationen für das gemeinsame Projekt „Aktion Pflanzen-Power". Damit ging der Preis zum ersten Mal nach Deutschland und an ein Unternehmen, das GW-bilanziert ist.

Im März 2019 präsentierte sich die GWÖ vor dem UN Regional Forum in Genf vor Teilnehmer*innen aus 40 Ländern. Dabei wurde die Gemeinwohl-Bilanz als Best Case für die Umsetzung des UN-Ziels für nachhaltige Entwicklung (SDG) Nummer 8 (Menschenwürdige Arbeit und Wirtschaftswachstum) vorgestellt. Die ganzheitliche Unternehmensbetrachtung der GW-Bilanz entspricht bezüglich Ambitionsniveau, Interdependenz und transparentem Umgang mit widersprüchlichen Zielen den Anforderungen der Sustainable Development Goals (SDGs). Zu diesem Ergebnis kommt eine Studie der Universität Bremen, die die Gemeinwohl-Bilanz beim Thema der Umsetzung der SDGs in kleinen und mittelständischen Unternehmen mit einem hohen Ambitionsniveau aufführt.

Es weisen also bereits viele Entwicklungen in Richtung der Gemeinwohl-Ökonomie. Die aktuelle Corona-Krise eröffnet uns die Chance, den Übergang zu einer gemeinwohlorientierten, den oben erwähnte Verfassungen entsprechenden Wirtschaft zu meistern. Die größte vergebene Chance wäre es, zu einem Normalzustand vor der Krise zurückzukehren – denn Klimakrise, Verlust von Artenvielfalt, Hunger und Ungleichheit sind in der Summe bei weitem größere Gefahren für die Gesundheit und das Leben der Menschen als ein einzelnes Virus. Mit gleicher Konsequenz müssen jetzt die anderen relevanten Kurven abgeflacht werden, vom Energie- und Ressourcenverbrauch über die Gefährdung und Ausrottung von Arten bis hin zum Anstieg der Ungleichheit auf den internationalen Finanzmärkten und im Welthandel.

Hilfen für Unternehmen: Die Hilfsmaßnahmen für Unternehmen bieten die Gelegenheit, jene Branchen und Betriebe zu bevorzugen, die sich als besonders nachhaltig, verantwortlich und ethisch erweisen, um mit dieser „Gemeinwohl-Konditionalität" die Weichen für die Wirtschaft der Zukunft zu stellen.

Fiskal- und Geldpolitik: Nicht alle Länder haben gleichen Spielraum in der Fiskal- und Budgetpolitik. Bei einem „Weiter wie bisher" warnen Ökonomen, die schon andere Krisen zutreffend vorhergesagt hatten, vor einem Auseinanderbrechen der Eurozone.

CO_2-Steuern: Zur Erreichung des 1,5-Grad-Ziels bei der Erderwärmung ist eine CO_2-Steuer von mindestens 50 bis 100 US-Dollar je Tonne bis 2030 notwendig. Gegenüber Drittländern mit geringeren CO_2-Steuern sollten CO_2-Schutzzölle erhoben werden, welche die Differenz ausgleichen, um keinen Anreiz zu liefern, die Produktion oder den Firmensitz in Niedrigsteuerländer zu verlagern.

Kerosinsteuer: Der Flugverkehr ist die mit Abstand umweltschädlichste Transportform. Dennoch ist Kerosin von der Mehrwertsteuer befreit. Diese Subvention ist zu beenden und Flugbenzin deutlich höher zu besteuern.

Finanztransaktionssteuer: Eine Steuer auf alle Transaktionen auf den Finanzmärkten würde das Finanzsystem stabiler machen, der sozialen Gerechtigkeit dienen und hohe Einnahmen – laut einer Studie des Österreichischen Instituts für Wirtschaftsforschung (WiFo) EU-weit bis zu 310 Milliarden Euro pro Jahr – generieren.

Regionalität: Landwirtschaft und Ernährung sind „systemrelevante" Wirtschaftssektoren. Sie sollten weitgehend regionalisiert und auf biologischen Anbau umgestellt werden. Die Agrarchemie muss ebenso eingeschränkt werden wie Futtermittelimporte. Für Tierbestände und -transporte sollten Obergrenzen eingezogen werden. Die Beschaffungspolitik der öffentlichen Hand muss eine biologische und regionale Landwirtschaft und Lebensmittelerzeugung fördern, öffentliche Einrichtungen sollten mit gutem Beispiel vorangehen.

Öffentlicher Verkehr: Jährlich sterben 450.000 Menschen in der EU an Luftverschmutzung. In den Städten muss der Grün- und Erholungsraum ausgeweitet und der Individualverkehr durch öffentlichen Personennahverkehr zu erschwinglichen Preisen und mit umweltfreundlichen Antrieben sowie durch Fahrräder und eine Stadtplanung der kurzen Wege ersetzt werden.

Gesundheitssystem: Der Lockdown fand statt, um die Infektionskurve abzuflachen. Um für die Zukunft widerstandsfähiger zu werden, muss eine Abkehr vom Profitparadigma im gesamten Gesundheitswesen erfolgen. Organisationen sollten ihr Handeln am Gemeinwohl ausrichten und daran mit Gemeinwohl-Bilanzen gemessen werden. Wir brauchen solidarische Gesundheitssysteme, in die alle gleichermaßen einzahlen. Für das Gesundheits- und Pflegepersonal muss als systemrelevante Berufsgruppe ein erhöhter Mindestlohn gelten. Für Arzneimittel ist eine Preisregulierung notwendig. Im Unterschied zur Behebung der Finanzkrise 2008 sollten dieses Mal vorrangig Menschen gerettet und nachhaltige Wirtschaftspraktiken gefördert werden. Nutzen wir die Chance: aus der Krise in die Gemeinwohl-Ökonomie!

Die Ökonomie des Gemeinsamen

Die Corona-Krise zeigt auch: Egoismus war gestern – und der Staat ist gar nicht so übel. Das sind gute Voraussetzungen, um Allianzen für einen neuen Gesellschaftsvertrag zu schließen.

Von Katja Kipping

Aktuell bin ich vor allem damit beschäftigt, mich mit den akuten sozialen Nöten der Menschen auseinanderzusetzen. So schreiben mir Rentner, die ihre niedrige Rente bisher mit Minijobs aufgebessert haben, die nun wegfallen. Oder Menschen, für die ein Kurzarbeitergeld von 60 Prozent schlicht bedeutet, dass sie ihre Miete nicht mehr bezahlen können. Manchmal kann ich auf neue soziale Hilfen verweisen. Und oft habe ich Ideen, welche politische Maßnahme jeweils helfen würde, zum Beispiel ein Corona-Überbrückungsgeld für alle, deren Einkommen gerade wegbrechen, und ein Aufschlag von 200 Euro auf alle Sozialleistungen. Da die Bundesregierung leider die wichtigen sozialen Maßnahmen blockiert, heißt es, Druck zu machen. So wichtig die akute soziale Abfederung ist, so wenig dürfen wir jedoch dabei stehenbleiben. Es geht jetzt auch darum, wie wir die Weichen stellen, um unsere Gesellschaft in Zukunft krisenfest zu machen. Und der Aufbruch in eine krisenfeste Gesellschaft beginnt mit der Analyse der aktuellen Krisenlage.

Den aktuellen Schock hat ein Virus ausgelöst, das erst einmal wenig mit ökonomischen Entscheidungen zu tun hat. Es gibt keine Bad Bank, keine toxischen Kreditgeschäfte, die dafür verantwortlich wären. Aber von heute aus betrachtet, wirken die Nachrichten des letzten Jahrzehnts wie der Vorspann eines dystopischen Films: Erst Finanzkrise, dann die sogenannte „Flüchtlingskrise" und die Gefährdung der

127

Demokratie von rechts, schließlich die in das öffentliche Bewusstsein brechende Klimakatastrophe, dazwischen immer wieder militärische Eskalationen – und nun solch eine Gesundheitskrise. Diese Ereignisse hängen auf komplexe Art zusammen und verstärken sich gegenseitig. Auch die Corona-Krise ist keine bloß biologische Bedrohung: Ohne die chronische Unterfinanzierung der Gesundheitssysteme wäre das Virus nicht so eine Gefahr. Ohne weltweiten Handel und Tourismus wäre es sicher nicht so schnell verbreitet worden. Inzwischen wissen wir, dass die Abholzung des Regenwaldes, die Zerstörung von Ökosystemen und die Massentierhaltung generell Virus-Epidemien befördert.

SCHUTZMASSNAHMEN TREFFEN UNS NICHT UNTERSCHIEDSLOS

So richtig es ist, dass das Virus ein nichtpolitischer Angriff ist, der kein Oben und kein Unten, weder Grenzen noch Herkunft kennt, so hat es doch in seinen Auswirkungen einen Klassencharakter. Die Schutzmaßnahmen sind zwar allgemeingültig, aber sie treffen uns nicht unterschiedslos. Die soziale Spaltung, die unser Land durchzieht, zeigt sich auch in diesem Moment: Es ist ein Unterschied, ob die Ausgangsbegrenzung jemanden trifft, der eine geräumige Altbauwohnung oder ein Haus mit Garten hat. Oder ob sie jemanden trifft, der mit vielen Kindern auf engstem Raum ohne Balkon lebt beziehungsweise allein in einem Pflegeheim, für das eine Besuchssperre gilt. Es ist ein Unterschied, ob Kinder beim Homeschooling auf überambitionierte und manchmal nervende Eltern treffen – oder ob mit der Schulschließung auch ihr sonst täglicher Schutzraum vor häuslicher Gewalt verschlossen ist.

DOGMEN MUTIG IN FRAGE STELLEN

Natürlich stellt sich die Frage nach der politischen Verantwortung. Auch wenn in der Bundesregierung viele überrascht sind – sie sollten es nicht sein: Seit Jahren warnen Experten vor der Gefahr einer Pandemie. So ging 2013 ein Bericht zur Risikoanalyse zu Pandemien durch den Bundestag. Seit Jahrzehnten haben wir den neoliberalen

Raubbau am öffentlichen Gesundheitssystem beklagt. Doch schauen wir nach vorn. Schließlich geht es um Alternativen zum Bestehenden. Dafür müssen wir die Dimension der Erschütterung verstehen. „Monumental" hat die EZB-Präsidentin Christine Lagarde die Krise genannt. Der Sachverständigenrat der Bundesregierung befürchtet ebenfalls eine tiefe Rezession. Und der Historiker Heinrich August Winkler fordert einen neuen Lastenausgleich mit einem Corona-Soli. Ja, es darf kein Zurück geben. Die jahrzehntelange Staatsphobie, die Schwarze Null, die Ellenbogen-Mentalität – all diese Dogmen aus der Hochzeit des Neoliberalismus sollten wir mutig und unwiderruflich infrage stellen. Inzwischen ist klar: Der Markt lebt von Bedingungen, die er selbst nicht schaffen kann, wie Bildung, Straßen, Sozialsysteme oder wissenschaftliche Innovationen.

INFRASTRUKTUR-SOZIALISMUS

Aus dieser Erkenntnis folgt für mich, dass wir das, was wirklich systemrelevant ist, nicht mehr dem Markt überlassen. Deshalb streite ich für eine universelle Grundversorgung, die nicht auf Markt, Privat und Profit setzt, sondern sich am Gemeinwohl orientiert. Manche verwenden dafür auch den Begriff Infrastruktursozialismus. Dies betrifft die Bereiche Gesundheit, Mobilität, Bildung, Pflege und Wohnen. Solch eine Grundversorgung bedeutet, dass die öffentliche Hand in die Lage versetzt wird, ausreichend bezahlbaren Wohnraum, flächendeckenden gebührenfreien Bus- und Bahnverkehr, Barrierefreiheit, wohnortnahe und gebührenfreie Kita-Plätze, Breitband für alle sowie eine angemessene Gesundheitsversorgung auch in den ländlichen Regionen zur Verfügung zu stellen. Um dies umzusetzen, braucht es eine Neuausrichtung der staatlichen Lenkungsinstrumente. Und wir müssen konkret die Eigentumsfrage stellen. Für privatisierte Krankenhäuser muss beispielsweise eine Entprivatisierungsstrategie entwickelt werden. Denn Privatisierung bedeutet, dass Geld für Profite abgezogen wird, das einfach fehlt – bei der Bezahlung der Beschäftigten oder für die Behandlung der Patientinnen und Patienten.

SOZIALE GARANTIEN

Zudem müssen wir die bestehenden sozialen Sicherungssysteme ausbauen und krisenfest gestalten. Es ist kein Zufall, dass angesichts der aktuellen Einkommenseinbrüche die Idee eines solidarischen Grundeinkommens enormen gesellschaftlichen Rückenwind erhält. Die Krise führt uns schließlich vor Augen, wie schnell man vor dem Aus stehen kann. Wie auch immer wir das Instrument nennen, entscheidend ist, dass alle garantiert vor Armut geschützt sind, dass niemand Angst haben muss, ins Bodenlose zu fallen.

COMMONS UND WIRTSCHAFTSDEMOKRATISIERUNG

Aktuell spricht sogar Wirtschaftsminister Peter Altmaier von Verstaatlichung. Aber Achtung, er meint damit wohl eher eine Vergesellschaftung der Verluste, während die Gewinne weiterhin privat bleiben. Der Staat soll großen Firmen in Zeiten der Verluste unter die Arme greifen. Ich werbe für einen anderen wirtschaftlichen Paradigmenwechsel. Einen, der auf Demokratisierung der Wirtschaft setzt. Das beginnt damit, die Mitbestimmung in Betrieben auszubauen, geht über erhöhte soziale und ökologische Auflagen und mündet in einer Offensive zur Stärkung solidarischer Ökonomien. Solch eine Ökonomie des Gemeinsamen muss nicht bei Null beginnen. Es gibt bereits heute Keimzellen von Kooperation. Diese gilt es zu fördern, etwa indem solidarische Kooperativen bei öffentlichen Aufträgen verstärkt beauftragt werden. Meine Überlegungen für eine politische Ökonomie des Gemeinsamen habe ich etwas umfassender in meiner aktuellen Publikation „Neue linke Mehrheiten – eine Einladung" ausgeführt.

WER ZAHLT?

Natürlich steht auch die Frage im Raum, wer letztlich all das bezahlen soll. Wir müssen aufpassen, dass nach der Corona-Krise nicht eine wichtige Erkenntnis der Krise verdrängt wird. Wirklich „systemrelevant" ist, was sonst nur schlecht bezahlt wurde: Pflege, Sorgeberufe, Nahrungsmittelversorgung, Logistik. Deshalb sollte klar sein, dass all jene, die jetzt sprichwörtlich den Laden am Laufen halten, nicht am

Ende wieder eine Sparpolitik auf ihre Kosten schlucken müssen. Dann sollten endlich jene Konzerne zahlen, die ausgerechnet in diesen Tagen 44 Milliarden Euro an Dividende auszahlen. Und es sollte zumindest das reichste Hundertstel der Bevölkerung, das ein Gesamtvermögen von netto rund 3.800 Milliarden Euro besitzt, angemessen an den Krisenkosten beteiligt werden.

BEWÄHRUNGSPROBE FÜR EUROPA

Der Zustand Europas bereitet nicht nur mir große Sorgen. Der globale Neoliberalismus kann auch in einem „Neuen Dunklen Zeitalter" autoritärer Kleinstaaterei enden. Ich war selbst Teil der globalisierungskritischen Bewegung, aber unser Ziel war nie ein Zurück hinter den nationalen Tellerrand. Uns ging es um anderes Wirtschaften, um eine Regionalisierung der Wirtschaftskreisläufe und um globale soziale Rechte und weltweiten Klimaschutz. Statt einer Rückkehr in die Kleinstaaterei braucht es grenzübergreifend eine sozial-ökonomische Wende, einen Green New Deal. Dazu gehört lokal wie global die demokratische Regulation der weltweiten wirtschaftlichen Vernetzung. Wir sehen gerade, dass jedes System nur so stabil sein kann wie sein schwächster Teil. Dazu braucht es jetzt mehr denn je ein soziales und demokratisches Europa.

Nötig sind jetzt Euro-Bonds, ein europäischer Marshallplan zur Überwindung der Exportüberschüsse und Nachbarschaftshilfen, um die Lasten solidarisch zu verteilen. Unsere Antwort auf die Frage aus Italien und Spanien nach europäischer Solidarität entscheidet auch darüber, ob für die EU überhaupt noch ein sozialer, demokratischer und ökologischer Entwicklungspfad möglich ist. Die Bundesregierung ist nicht fähig, die zerstörerische Schuldenpolitik in dieser existenziellen Krise auch für unsere europäischen Nachbarn zu beenden. Diese Unfähigkeit stärkt leider diktatorische Selbstermächtigungen wie die eines Viktor Orbán in Ungarn. Europa verdient jedoch einen Kurswechsel – weg von Austerität, weg von Autoritarismus und hin zu Demokratie und sozialem Schutz für alle.

ALLIANZ DES GEMEINSAMEN

Um die Weichen so zu stellen, dass unsere Gesellschaft in Zukunft krisenfest ist, brauchen wir eine Allianz des Gemeinsamen für ein neues gesellschaftliches Solidarversprechen. Solch eine Allianz geht über die linken Parteien hinaus. Selbst eine mögliche progressive Regierungsmehrheit wird allein nicht reichen, um die unselige „Ich-zuerst-" und „Staat-ist-Mist"-Mentalität zu überwinden. Ganz zu schweigen von der Macht der großen Konzerne.

Ein Sieg des Gemeinsamen wird nur möglich, wenn es breiten und vielfältigen Allianzen gelingt, über den nächsten Wahlzyklus hinaus zu denken und zu handeln. Zu einer solchen Allianz für einen neuen Gesellschaftsvertrag gehören die Parteien links der Union, Gewerkschaften, Sozialverbände, die Träger der Zivilgesellschaft, die Kirchen und soziale Bewegungen. Letztlich alle, die sehen, dass wir unsere Gesellschaft nur krisenfest ausrichten können, wenn wir uns vom Primat des Marktes verabschieden. Der Platz einer Linken ist für mich genau dort: Inmitten und an der Seite all derer, die jetzt Angst um ihre Existenz haben, die aber auch verlangen, dass wir künftig Verantwortung übernehmen für grundlegende Verbesserungen. Es geht dabei um solidarische Wege aus der Krise und eine zukunftsfähige, krisenfeste Gesellschaft.

Die Corona-Krise lehrt uns schon jetzt: Um uns alle zu retten, kommt es auf uns alle an. Gerade gilt es im Sinne des Schutzes vor Infektionen körperlich auf Distanz zu gehen. Für die Zukunft gilt es hingegen, menschlich zusammenzurücken und die Weichen für eine Ökonomie des Gemeinsamen zu stellen. Also – fassen wir den Mut, ins Gemeinsame zu gehen.

Die Netzwerke des Lebens

Die Corona-Pandemie führt uns drastisch vor Augen, wie sehr wir Kontakt und
Bindung, Unterstützung und Anerkennung brauchen. All dies gilt es zu stärken.

Von Sabine Hark

S ars-CoV-2 hat die Welt im Griff. Die Zahl der mit Sars-CoV-2 In-
fizierten sowie der an COVID-19 Erkrankten und Verstorbenen,
aber auch die der Genesenen steigt. Im Gegenzug wird das gesellschaftliche Leben beständig weiter eingeschränkt. Ausnahmezustand.
Längst auch in liberalen Demokratien gesellschaftliche Realität, da die
allgemein geteilte Unstrittigkeit des Zwecks – die Ausbreitung des Virus zu stoppen, wenigstens zu verlangsamen – eine allgemeine Debatte
über die Angemessenheit der eingesetzten Mittel weithin blockiert.

Wo noch vor wenigen Wochen wissenschaftliche Expertise zur menschengemachten Zerstörung des Klimas populistischer Verachtung ausgesetzt war, wünschen sich jetzt nicht wenige einen durchregierenden
Virologen, der uns sagt, ob wir in der Öffentlichkeit Masken tragen
sollen, ob Schulschließungen angemessen sind, Baumärkte hingegen
geöffnet bleiben sollten und vieles mehr. In vielen Staaten der Welt
gelten weitreichende Ausgangsbeschränkungen und Kontaktverbote,
Abstand halten voneinander ist das Gebot der Stunde, #SocialDistan-
cing und #StayAtHome die Devise des Alltags. Es sind Maßgaben, die
uns, ungeachtet dessen, ob wir sie für vernünftig und sinnvoll halten
oder nicht, ob wir sie beflissen befolgen oder uns ihnen mehr oder
weniger freiwillig beugen, vordergründig kontraintuitiv erscheinen. In
der Krise rücken wir zusammen, nicht voneinander ab!

Dass Distanz halten eine Weise des Füreinander-Daseins sein kann,
und es gilt, von der Verwundbarkeit der anderen und nicht der eigenen

ausgehend zu handeln, müssen wir offenkundig erst begreifen lernen. Doch Corona erinnert uns nicht nur daran, dass wir alle verletzlich, wir immer schon in der Hand der anderen sind und genau dies die prekäre Bedingung des Lebens ist. Es führt uns auch vor Augen, dass in einem von vielfältigen Achsen der Dominanz durchzogenen und von eklatanter Ungleichheit geprägten weltgesellschaftlichen Kontext diese Prekarität extrem ungleich verteilt ist. Sars-CoV-2 mag alle treffen, doch das Virus trifft eben nicht alle gleichermaßen und macht schon gar nicht alle gleich. Nicht das Virus macht den Unterschied, sondern die Umstände, in denen es uns jeweils trifft. Der Umstand beispielsweise, dass die einen ganz selbstverständlich über fließend warmes Wasser zu Hause verfügen, und für die anderen die Wasserstelle viele Kilometer zu Fuß entfernt ist, oder, wie in einigen der Elendslager an den europäischen Außengrenzen, die Wasserversorgung gleich ganz eingestellt wird.

DAS VIRUS MAG ALLE TREFFEN, DOCH ES TRIFFT EBEN NICHT ALLE GLEICHERMASSEN

Der Umstand, dass die einen zu neunt in zwei Zimmern mit #StayAt-Home zurechtkommen müssen, und die anderen die Yogamatte auf dem Balkon entrollen. Der Umstand, dass die einen unter miesen Bedingungen unsere Versorgung mit Lebensmitteln sicherstellen, und sich die anderen im Home-Office mehr oder minder kluge Gedanken über den Zusammenhang zwischen Viren und gesellschaftlichen Zusammenhalt machen. Der Umstand, dass die einen in Ländern wie unserem mit vergleichsweise guter medizinischer Versorgung leben, und die anderen keine andere Wahl haben, als auf ein von Austeritätspolitik und Privatisierungswahn skelettiertes Gesundheitssystem zu vertrauen.

Sars-CoV-2 hat diese Ungleichheit nicht geschaffen, aber es lebt auch von solchen globalen, national verwalteten Ungleichheitsverhältnissen. Sie sind das wahre Wirtstier des Parasiten. Je eher wir das erkennen, desto besser. Das Virus ist keine Entität mit Bewusstsein, der wir gegenüberstehen, der „Feind", den wir schlagen und besiegen müssen, das Monster, das uns vor sich hertreibt. Es geht nicht um einen Kampf, an dessen Ende, hoffentlich, Sieger – wir Menschen – und Verlierer – das Virus – stehen. Mit diesen antiquierten, und, ja, auch virilen Vorstellungen von Souveränität und Handlungsfähigkeit, die gegenwärtig nicht nur in Form der Trumpschen Hybris ein Revival erleben, werden wir diese Krise nicht bestehen. Sie haben eigentlich ohnehin schon lange ausgedient. Bereits die so genannte „AIDS-Krise" der 1980er und 90er Jahre hat uns gelehrt, dass physikalische Modelle des Kampfes, in denen klar identifizier- und erkennbare Gegner – dort das Virus, hier wir – aufeinandertreffen, untauglich sind, um virale Interventionen zu verstehen. Interventionen also, die nach dem Prinzip heimlicher Ansteckung funktionieren und gerade den Kollaps von Unterscheidungen wie innen/außen, vertraut/fremd, sicher/riskant zur Folge haben. Wir leben, mit anderen Worten, in Gemeinschaft mit dem Virus.

Überlegungen aus der feministischen Wissenschaftsforschung, etwa von Donna Haraway, die biologische und soziale Prozesse als immer schon verbundenes, nicht trennbares Geschehen denkt, können uns helfen, dies zu verstehen. Viren stellen in dieser Perspektive keine abgegrenzten Entitäten dar, sie sind vielmehr Teil „symbiotischer Assemblagen", in denen wir über alle Speziesgrenzen hinweg miteinander verwoben und füreinander Symbionten sind. Dies ermöglicht uns, zu erkennen, wie virale Prozesse sich einschreiben in das Skript unserer sozialen Interaktionen, wie sie sich an soziale Prozesse und Dynamiken, an historisch gewachsene Strukturen und Verhältnisse, kulturelle Praktiken und Konventionen anlagern, wie sie sich huckepack nehmen lassen für ihr tödliches Geschäft. Sars-CoV-2 reist im Gepäck von Investoren entlang der alten Seidenstraße von China nach Norditalien und zurück, vom Skiurlaub in Ischgl tragen es affluente, weiße Südafrikanerinnen nach Kapstadt und Johannesburg und Berliner Lehrerinnen nach Kreuzberg und Neukölln.

Statt von unabhängig gedachten Organismen auszugehen, die wechselseitig füreinander lediglich Umwelt darstellen und gegen die wir uns jeweils immunisieren können, ist es sinnvoll, von einem immer schon ineinander verwobenen, emergenten Geschehen her zu denken lernen. Wir müssen lernen, mit dem Virus zu leben, statt gegen ihn zu agieren. So paradox auch das klingen mag: wir leben in Gemeinschaft mit dem Virus, wir müssen Gemeinschaften mit ihm bilden. Physisch Abstand halten ist genau das: Im Wissen darum, dass wir mit dem Virus koexistieren, kommen wir anderen räumlich nicht zu nahe, bremsen dadurch das Virus aus und verhindern so, bildlich gesprochen, dass sich das Virus von sozialen Prozessen huckepack nehmen lässt. Eine Praxis der Fürsorge, die von den anderen und ihrer Versehrtheit her denkt und nicht von der eigenen Immunität. #PhysicalDistancing ist, was Safer Sex im Zeitalter des HI-Virus war.

Es sind solche Zusammenhänge, die es zu verstehen gilt, wollen wir gesellschaftlich nachhaltige, demokratische Antworten auf die virale Herausforderung finden. Antworten, die eben nicht allein virologischer beziehungsweise immunologischer Natur sein können. Für Sars-CoV-2 wird zweifelsohne in baldiger Zukunft ein Impfstoff zur Verfügung stehen. Für die Gestaltung eines demokratischen Zusammenlebens, das, eingedenk der unhintergehbaren Verflechtungen zwischen so genannt „menschlicher" und „nicht-menschlicher Natur", an radikaler Gleichheit, geteilter Verletzlichkeit und der Unverzichtbarkeit jeder und jedes Einzelnen, an globaler Interdependenz und reziprok gestalteter Sorge und Verantwortung füreinander orientiert ist, braucht es dagegen mehr als ein Immunserum.

Die Corona-Pandemie macht mithin einmal mehr deutlich, wie notwendig wir kritisches Wissen darüber brauchen, welche Geschichten wir jeweils erzählen, mit „welchen Ideen wir andere Ideen denken", um eine Formulierung der Kulturanthropologin Marilyn Strathern zu gebrauchen. Welche Geschichten also erzählen wir über das Virus und unseren Umgang damit? Geschichten heldenhafter Bezwingung und immunologischer Abschottung oder Geschichten der Affizierung und des Angesteckt-Werdens: nicht vom Erreger einer potentiell tödlichen Krankheit, sondern von der Bedürftigkeit und Angewiesenheit der anderen, die zugleich unsere eigene ist. Die Angewiesenheit auf ein Gemeinwesen, das sicherstellt, dass die einen für die anderen sorgen. Was also wird wie in einen Zusammenhang gebracht und gilt gesellschaftlich als Notstand? Welche Leben werden preisgegeben und welche gelten als schutzwürdig? Welche Körper werden als Gefahr betrachtet und welche als gefährdet, wie wird Gewalt gegen manche Körper gerichtet und nicht gegen andere?

Doch die Pandemie verlangt von uns noch etwas anderes. Sie verlangt nicht nur, dass wir solche Fragen stellen, sie verlangt auch, dass wir gesellschaftliche Solidarität neu zu buchstabieren wagen. Eine solche neue Sprache der Solidarität müsste auf eine Reihe von Herausforderungen antworten: Sie muss erstens dem Umstand Rechnung tragen, dass eine Ontologie voneinander unabhängig gedachter Identitäten nichts dazu beizutragen hat, die auch in der Corona-Pandemie einmal mehr deutlich werdenden weltweiten Interdependenzen und global verflochtenen komplexen Netzwerke der Macht zu begreifen. Sie muss zweitens eine Antwort anbieten für die Aufgabe, wie wir ein Ethos erlernen, das sich nicht nur an diejenigen richtet, mit denen wir uns verbunden fühlen, sondern ebenso an jene, die wir weder kennen noch durchschauen, mit denen wir nichts zu tun haben. Und sie muss dies schließlich drittens tun in einer historischen Situation, in der in einem sich über Jahrzehnte hinziehenden Prozess der neoliberalen Aushöhlung liberaler Demokratien das Credo, dass jede und jeder nur für sich selbst, nicht aber für andere verantwortlich ist, zur moralischen Leitwährung veredelt wurde.

Die Chance der kollektiven Verständigung über Lebensformen und kooperativen Entschlussfassung über jene Angelegenheiten, die Menschen gemeinsam sind, ist infolgedessen ebenso dramatisch erodiert, wie die Verengung und Zerstörung öffentlicher Räume, die Verunmöglichung kollektiver Lernerfahrungen und die Fragmentierung des Gemeinwesens Solidarität subaltern hat werden lassen. Es ist genau diese Möglichkeit, sich selbst zu regieren, die zu den besonders gefährdeten Elementen der Demokratie gehört, wie wir auch in diesen Tagen des Vorrangs des Regierens per Verordnung erleben können.

DAS VIRUS IST TÖDLICH – DIE WEIGERUNG, MIT ANDEREN ZU DENKEN, ABER AUCH

Doch wie und was wäre jetzt, in the midst of things, zu tun? Vielleicht am wichtigsten: Erkennen, dass alles, „was wir zu tun haben", wir jetzt zu tun haben, wie Christina Thürmer-Rohr in den 1980er Jahren im Kontext der atomaren Bedrohung schrieb. Wir müssen das Wagnis, Solidarität neu zu buchstabieren, jetzt eingehen und es darf nicht an nationalen, ethnischen oder klassenbasierten, an religiösen, geschlechtlichen oder sexuellen Grenzen halt machen. Was wir heute tun, entscheidet, wie wir morgen leben werden: als kontaktreduzierte, an den Ausnahmezustand gewöhnte Monaden im Home-Office und auf digitalen Plattformen oder als Gemeinschaft voneinander abhängiger Wesen, die in Freud und Leid verbunden und auf eine unterstützende Umwelt angewiesen sind.

Wir alle sind abhängig von unterstützenden Infrastrukturen, von ökonomisch, kulturell, sozial und historisch je spezifischen Netzwerken und Bindungen und von Anerkennungsverhältnissen, die uns im Leben halten. Es ist eine Abhängigkeit, die wir nicht übergehen können. Sie ist ein nicht verhandelbarer Umstand unseres Seins als körperliche Wesen. Die Pandemie macht aber auch deutlich, dass wir diese Strukturen der Unterstützung sowie die Netzwerke des Lebens dort, wo sie fehlen, auch und gerade unter der Bedingung ihres Fehlens beziehungsweise ihrer systematischen Verhinderung schaffen müssen: im eigenen, derzeit kontaktreduzierten Alltag genauso wie auf den griechischen Inseln, vor den Küsten Libyens, in den Asylunterkünften Brandenburgs, in überfüllten Hospitälern und geplünderten Supermärkten.

Das ist, was jetzt zu tun ist: Von der Verwundbarkeit der anderen ausgehend handeln, im Wissen darum, dass es nicht SARS-CoV-2 allein ist, das tötet, sondern die Verweigerung, mit anderen Wesen, menschlichen wie nicht-menschlichen, zu denken, sowie der politisch induzierte Mangel an unterstützenden Infrastrukturen und Solidarität. In diesem Sinne: Haltet Abstand. Bildet Virengemeinschaften!

Alles Gute ist schon da

*Die Pandemie ist eine Chance, Grenzen der Solidarität zu erkennen –
und zu überwinden.*

Von Stephan Lessenich

Plötzlich ist sie wieder da und in aller Munde: die Solidarität. Mit dem Scheitern des staatssozialistischen Gesellschaftsmodells, dem Siegeszug des Marktliberalismus und der Krise der Arbeiterbewegung waren Begriff und Idee in die Geschichtsbücher gewandert, um regelmäßig am 1. Mai noch einmal für ein paar Vormittagsstunden zu Demonstrationszwecken hervorgekramt zu werden – und dann aber wieder ab in die Mottenkiste damit. Seien wir ehrlich: Wir alle dachten, so würde es auch weitergehen. Von wegen Brüderlichkeit und Zärtlichkeit der Völker, hoch lebe die Eigenverantwortung und die internationale Konkurrenz!

APPLAUS UND KULTURGUTSCHEINE –
REICHT DAS WIRKLICH?

Doch das war gestern. Und heute? Findet man – Corona sei Dank – Solidaritätsbanner an jeder Supermarktkasse, Solidaritätsadressen auf unzähligen Facebook-Accounts, Solidaritätsaufrufe in täglichen Regierungs- wie Nicht-Regierungs-Erklärungen. Wer etwas auf sich und von den anderen hält, ist solidarisch: mit den Held*innen der Krisenbewältigungsarbeit (Applaus Applaus!), mit den Risikogruppenangehörigen in der Wohnung nebenan (die neue Politik mit dem Einkaufskorb), mit dem darbenden Gastronomie- und sonstigen Kleingewerbe (endlich mal beliefert werden und sich gut dabei fühlen). Plötzlich wird deutlich: Solidarität kann so einfach sein! Es reicht eigentlich schon, daheim zu bleiben, sich mit sich selbst zu beschäftigen und zwischendurch einen Gutschein für die Kultureinrichtung seiner Wahl zu erwerben, einzulösen nach dem offiziell ausgerufenen Krisenende.

Allein – reicht das wirklich? Oder anders: Wie weit reicht die wiedererwachte Solidarität eigentlich in Raum und Zeit? Weiter als die zwei Meter Sicherheitsabstand zu dem Nächsten, den man nun zu schützen sucht wie sich selbst? Und länger als jene Ausgangsbeschränkungen, die uns amtlich auferlegen, was wir doch eigentlich selbst wollen sollten?

Wo man auch hinschaut, die neue Solidarität hat ihre Grenzen und verdeckt nur notdürftig die alten Konkurrenzen. In Deutschland sind Corona-Zeiten auch die Zeiten eines Wettbewerbsföderalismus in Sachen Infektionsschutz, der Wettlauf um die effektivsten Sicherheitsbestimmungen und die schnellsten Mundschutzgroßeinkäufe ist längst entbrannt. In Europa setzt sich das aus vorangegangenen Krisen bekannte Finanzgebaren der austeritätspolitischen Musterschüler gegenüber den südeuropäischen Sorgenkindern ebenso fort wie der erbärmliche Volksgemeinschaftsprotektionismus letztlich aller EU-Nationen gegenüber der existenziellen Not der Geflüchteten. Und selbst wenn etwa die europapolitische Sprecherin der Grünen-Bundestagsfraktion europäische „Corona-Bonds" fordert, dann tut sie dies unter Befeuerung des mittlerweile offenbar unvermeidlichen, rassistisch grundierten Feindbilds von der gelben Gefahr: „Wenn wir nicht helfen, helfen andere", so Franziska Brantner jüngst in der Tagesschau – und solche Fremdhilfe könne man nicht zulassen, denn es sei nicht im deutschen Interesse, dass „wir als Europäer als Wurmfortsatz der chinesischen Seidenstraße enden".

Bei all dem gesellschaftlichen Schulterschluss gegen einen „unsichtbaren Feind" sind mithin zugleich vielfache, offenkundige soziale Schließungen an der Tagesordnung der Corona-Krise. Plötzlich werden die „Vulnerablen" unseres marktgesellschaftlichen Gemeinwesens entdeckt – aber es sind nicht die Hartz-IV-Empfängerhaushalte damit gemeint, die in Prosperitätszeiten systematisch an den Rand des gesellschaftlichen Lebens manövriert wurden, oder gar die migrantischen Arbeitssklaven, die auch im Ausnahmezustand gefälligst die deutsche

Spargelernte sicherzustellen haben. Solidarität gilt nun wieder als der Kitt, der die Gesellschaft zusammenhält– und der sie aber eben zugleich auch trutzburgfest machen soll gegen all die Unbilden, die uns von außen drohen: das Virus, der Chinese, die Geflüchteten. „Minderjährige Flüchtlinge können kommen", titelte die Tagesschau am vergangenen Dienstag – um dem Gebührenzahler mitzuteilen, dass die Bundesrepublik 50 (in Worten: fünfzig) unbegleitete Minderjährige aus griechischen Lagern aufnehmen will.

DIE HIER UMSCHRIEBENE UTOPIE NENNT SICH SCHLICHT: DEMOKRATIE

Doch so enttäuschend diese Solidaritätsbilanz anmutet und einstweilen auch tatsächlich ist: In ihrer erkennbaren Begrenztheit, Unzulänglichkeit und Selbstbezüglichkeit scheint doch zugleich die Möglichkeit einer anderen, weitergehenden Praxis auf: die Ahnung davon, was Solidarität auch meinen könnte – und, wenn man vielleicht einmal für einen Moment die Fesseln des Denkens in Alternativen ablegt, wie eine andere Form der Vergesellschaftung aussehen könnte. Dann nämlich sieht man ein öffentliches Gesundheitswesen, das auf die zuverlässige und frei zugängliche Sicherung der existenziellen Bedarfe der gesamten Bevölkerung hin ausgerichtet und ausgestattet ist; eine Wirtschaftspolitik, die systematisch nicht einer Ökonomie des Profitablen und Überflüssigen, sondern des Nötigen und Lebensnotwendigen den Vorzug gibt; schließlich eine Gesellschaftspolitik, die den Bürger*innen die sozialen Bedingungen und Bedingtheiten ihrer persönlichen Freiheiten in Erinnerung ruft und die institutionellen Voraussetzungen schafft für eine in diesem Sinne verstandene, in das Wissen um die Bedarfe und Bedürfnisse der Mitbürger*innen eingebettete Autonomie.

Utopisch? Aber sicher doch. Andererseits: Die damit umschriebene Utopie nennt sich schlicht Demokratie. Vielleicht feiert sie ja im Zeichen von Corona ihre Auferstehung, zumindest als Idee. Immerhin ist ja Ostern.

Vom Dringlichen zum Wichtigen

In unseren explodierenden To-do-Listen steht oft nicht ganz oben,
was wirklich zählt. Lehrt uns Corona, das zu ändern?

Von Vera King und Hartmut Rosa

I n den letzten Wochen hat sich für viele Menschen etwas Einzigartiges vollzogen: Wie von Geisterhand haben sich ihre Terminkalender geleert. Geschäftstermine, Reisen, Familienfeiern und Veranstaltungen wurden abgesagt. Auch wenn dabei für manche Berufsgruppen und für viele Eltern ganz neuer Stress entstand, noch dazu überlagert von existenziellen gesundheitlichen und ökonomischen Ängsten, bedeutet dies doch einen tiefen kulturellen Einschnitt in die Erfahrungswelt der Spätmoderne: einen Einschnitt, indem sich der Blick auf das, was wichtig und von Bedeutung ist, teils radikal verschoben hat. Denn Covid-19 hat etablierte Handlungsroutinen an vielen Stellen unterbrochen und ein Innehalten erzwungen. Die Krise hat die explodierenden To-do-Listen, deren verzweifeltes Abarbeiten den Alltag der meisten Menschen bestimmt, zwar teils ins Digitale verschoben, aber doch auch vorübergehend entrümpelt und die Frage nach dem Unterschied zwischen dem *wirklich Wichtigen* und dem *nur Dringlichen* aufgeworfen.

Das ist bemerkenswert, weil Dringlichkeiten den Takt im spätmodernen Alltag jenseits der Krise immer stärker vorgeben. Wettbewerbsdruck und der Zwang zu Beschleunigung und Effizienzsteigerung verändern nicht nur die Arbeitswelt, sondern auch den Familienalltag und die individuelle Lebensführung. Weshalb aber gewinnen im Umgang mit der Zeit Kriterien der Effizienz und „Rendite" selbst in „privaten" Bereichen, die vom ökonomischen Druck entlastet scheinen, so durchschlagend an Bedeutung?

In unseren Forschungsprojekten[1] zeigt sich, dass das, was soziologisch als erzwungene Anpassung an systemische Steigerungs-Imperative beschrieben werden kann, keineswegs immer nur als leidvoll erlebt wird. So beschreibt etwa der 35-jährige Angestellte Paul S. auf die Frage nach seiner Zeitgestaltung einen inneren Zwiespalt: „Ich habe auch dieses Jahr, wie jedes Jahr, den Entschluss gefasst, mehr Freizeit zu haben, merke aber auch, wie schnell dieser Vorsatz kippen kann: Wenn ich mir noch so fest vornehme, diesen Samstag halte ich mir frei und treffe mich mit einer Freundin, dann hält das so lange, bis ich gefragt werde, ob ich am Samstag nicht was machen kann, und obwohl ich genau weiß, ich will nicht, höre ich im gleichen Moment, wie ich sage: Ja klar, mache ich."

Solche Erfahrungen dürften auch vielen Leserinnen und Lesern gut bekannt sein: ein Lebensalltag, bei dem Dringlichkeiten den Takt und die Entscheidung vorgeben. Aus soziologischer Perspektive drückt sich darin eine Folge der Veränderung gesellschaftlicher Zeitregime aus. Diese Veränderung lässt sich unter den Oberbegriff der Beschleunigung bringen, die wiederum eine unabweisbare Konsequenz dessen ist, dass moderne kapitalistische Gesellschaften sich nur dynamisch zu stabilisieren vermögen. Das bedeutet, dass sie unaufhörlich wachsen, innovieren und eben beschleunigen müssen, um ihre institutionelle Struktur – die Arbeitsplätze, das Gesundheits- und Rentensystem, den Kulturbetrieb und so weiter – aufrechtzuerhalten.

Im Zuge der ökonomischen, technischen und politischen Veränderungen der neoliberalen Globalisierung, welche die so erzeugten Steigerungs-Imperative umsetzte, nahmen die Prozess-, Kommunikations- und Informationsgeschwindigkeiten noch einmal rasant zu. Die kleinsten zeitlichen Unterschiede wiegen schwer im Wettbewerb. Dies befördert entgrenzte Arbeitszeiten, wenn Beschäftigte kurzfristig verfügbar sein sollen.

---

[1] Die Fallbeispiele und Befunde beziehen sich auf die von der VolkswagenStiftung geförderten Verbundprojekte *„Aporien der Perfektionierung in der beschleunigten Moderne"* (siehe dazu auch ‚Forschung Frankfurt' H1/2017: 40-45) sowie *„Das vermessene Leben"*, beide geleitet von Vera King, Benigna Gerisch, Hartmut Rosa. Vgl. King, Gerisch, Rosa (Hg.): *Lost in Perfection*. Zur Optimierung von Gesellschaft und Psyche, Suhrkamp (im Erscheinen).

Paul stellt fest, dass er im Grunde die ganze Woche im „Arbeits-
modus" lebt, und ist damit nicht ganz einverstanden, aber auch nicht
wirklich unglücklich: Die Arbeit sei eben doch das, was ihn am meisten befriedige. Es sind die anderen, die ihn manchmal an etwas erin-
nern, das anders sein könnte. Zeitrhythmen, die – wie das freie Wo-
chenende – vielen gemeinsam sind, nehmen dann sukzessive ab. Es
gilt, Optionen offenzuhalten und flexibel zu bleiben.

Dies bleibt nicht ohne Folgen für die Muster der Lebensführung, die
Gestaltung von Beziehungen, Selbst- und Körperbilder, das Verhältnis
zur Welt; es *färbt* gleichsam *ab* und wird von den Subjekten so inter-
nalisiert, dass es sich mit eigenen Antriebsimpulsen verbindet. Dabei
sind die sich wandelnden Muster der Lebensführung geprägt durch
veränderte Produktions- und Arbeitsverhältnisse. Sie gehen überdies
jedoch mit neuen Formen der Verinnerlichung von Machtverhältnis-
sen einher. Gerade bei Individuen mit passförmigen biografischen oder
psychischen Dispositionen verbinden sich die „von außen" nahegeleg-
ten Steigerungs-Imperative und die gleichsam „von innen" drängen-
den Bedürfnisse zu einer beständigen Optimierungsorientierung in
nahezu allen für sie relevanten Lebensdimensionen. Die so erzeugten
Veränderungen der Lebensführung haben weitere Folgen: Sie prägen
die Art und Weise, wie soziale Beziehungen gestaltet und gelebt werden, und wirken sich nicht zuletzt auf die Entwicklungsbedingungen
der Nachkommen aus.

WAS SOZIOLOGISCH ALS ZWANG ERSCHEINT, WIRD OFT ALS LUSTVOLLER „KICK" ERLEBT

Von besonderer kultureller Bedeutung scheint dabei eine unbemerkte,
schleichende *Umwertung der Werte* zu sein, die sich als Nebenfolge
der explodierenden To-do-Listen ergibt. Die alltägliche Agenda vieler
Menschen wird nach der Dringlichkeit der zu erledigenden Aufgaben
geordnet, nicht nach ihrer empfundenen Wichtigkeit. Dinge, die keine
Frist oder „Deadline" haben, aber als subjektiv wertvoll wahrgenommen werden – in Pauls Fall etwa das Treffen mit der Freundin –, bleiben dabei auf der Strecke, wie schon Niklas Luhmann beobachtete:
„Aufgaben, die immer zu kurz kommen, müssen schließlich abgewertet

werden [...]. So kann sich allein aus Zeitproblemen eine Umstrukturierung der Wertordnung ergeben", schlussfolgerte er. Das Dringliche gewinnt gegenüber dem Wichtigen also schleichend, aber wirkungsvoll an Bedeutung. Diese Verschiebung beinhaltet ein erhebliches Potenzial der Selbst-Entfremdung wie auch des Bedeutungsverlusts von sozialen Beziehungen.

Die Auswirkungen lassen sich auch in Familien beobachten. „Wenn wir unsere Termine erst einmal aufeinander abgestimmt haben, werden wir alle zusammen ein ganz entspanntes Essen machen", diese typische Äußerung zitiert die Soziologin Arlie Hochschild in einer Studie aus den USA, bei der sie Beschäftigte einer Firma bei der Arbeit und im Familienalltag untersuchte. Das zunächst als wichtig Erachtete – gemeinsam verbrachte Zeit und Muße mit den Kindern – wurde aufgrund von dringlichen Anforderungen bei der Arbeit oft ‚vertagt' und schließlich ‚vergessen'. Gerade über das, was in der Familie gelebt wird, übersetzt sich sozialer Wandel dann aber in veränderte psychische Dispositionen der Folgegeneration. Ein Kernelement sorgender Beziehungen ist die „Gabe von Zeit" und mit ihr die zweckfreie leibliche, mentale und emotionale Ko-Präsenz des Anderen; diese wird durch die Vorherrschaft von Dringlichkeit und Zeitknappheit erschwert.

Die Dominanz dieser Logik beruht nicht nur darauf, dass ein Ausstieg lediglich um den Preis des Misserfolgs oder des Zurückfallens gegenüber anderen möglich ist. Ein Arbeitskontext, der von den Individuen „alles fordert", kann auch die Hoffnung auf ersehnte umfassende Bestätigung nähren. Leistungssteigerung und Selbstoptimierung werden dann nicht einfach durch wettbewerbsbedingten äußeren Druck, sondern auch von der Verheißung angetrieben, über Begrenztheit und Vergänglichkeit zu triumphieren. Beschleunigung dient hier dem Ziel, Zeit zu gewinnen, um mehr von der Welt zu haben, um die kurze Lebenszeit der stets weiterreichenden Weltzeit anzupassen, wie Hans Blumenberg dies formulierte. Gerade dieses Motiv kann die Bereitschaft verstärken, sich dem Zeitdruck zu unterwerfen. Was aus soziologischer Perspektive als struktureller Zwang erscheint, wird dann als lustvoller „Kick" erlebt, die Anforderungen der Dringlichkeiten zu meistern. Die Individuen erfahren es als innere Befriedigung, die eigene Leistungsfähigkeit oder den Köper immer weiter zu optimieren.

Wie bestimmend dieser Drang für die Lebensführung werden kann, zeigt sich am Beispiel des Ernährungsberaters Florian K., Mitte dreißig. Auch bei ihm erscheint das unmittelbar Dringliche immer wieder als dominant, während etwa Beziehungen eher störend wirken und schattenhaft bleiben. Er beschreibt sein Leben in den Formeln der Betriebswirtschaftslehre und der Sprache der Produkt- und Prozessoptimierung. Zeit ist dabei stets Thema und Ziel: „Daten sammeln, analysieren, Kennzahlen rausfinden, ins Verhältnis setzen, um eben daraus Rückschlüsse ziehen: Diese Prinzipien reizen mich und ich habe sie dann an vielen Stellen eins zu eins aufs Training und auf das Selbstmanagement übertragen." Deshalb habe er, ähnlich wie Paul S., letztlich keine Zeit für Beziehungen, für Freundschaften: „Aber ich habe deswegen auch kein Mangelgefühl oder bin jetzt deswegen traurig."

In vielen Studien zu Erschöpfung oder Burnout werden Konstellationen betont, bei denen die Einzelnen hohen Anforderungen und Überforderungen passiv leidend ausgesetzt sind. Die Fälle von Paul und Florian verdeutlichen demgegenüber, dass Anpassung an die Logik der Dringlichkeiten und der Optimierung auch innere Befriedigung verspricht. Zeitverdichtete, entgrenzte Arbeits- und Projektwelten können gerade für Menschen, die psychosoziale Defizite durch erhöhte Ansprüche kompensieren, attraktiv sein und ihre psychischen Dispositionen verstärken.

MASSSTAB SOLLTE „LEBENSRELEVANZ" SEIN UND NICHT SYSTEMRELEVANZ

Dabei entstehen neue, kollektiv bedeutsame Bewältigungs- und Abwehrmuster im Umgang mit Begrenztheit. Das Leben im Modus der Dringlichkeit und der Beschleunigung schafft neue Phantasmen der Befriedigung und des Umgangs mit Endlichkeit. Das äußere Zwangsmoment, dass bei Nichterfüllung drängender Aufgaben die Gefahr droht, zurückzufallen und ausgeschlossen zu werden, kann aus solchen Motivlagen heraus in bejahende Selbstdisziplinierung übersetzt werden. Es kann in eine psychische Anpassung an das Geforderte münden, die die Spuren des Zwangs nur noch in Fragmenten, in

Selbsttäuschungen, scheinbar unerklärlichen Erschöpfungen oder Beziehungsarmut sichtbar werden lässt.

Vielleicht lässt sich die gegenwärtige Stillstellung der materiellen und physischen Bewegung in vielen sozialen Bereichen als eine Art Moratorium nutzen, um über die Schieflage im Verhältnis von Wichtigem und Dringlichem nachzudenken. Sie lässt sich nicht einfach durch eine Korrektur der Lebensführung beheben, weil sie systemische Ursachen hat. Aber auch auf der Systemebene zwingt Corona gerade dazu, die wirklich wichtigen Bereiche des öffentlichen Lebens von den nur dringlichen zu trennen. Angesichts der problematischen Steigerungslogik der Spätmoderne sollte dabei nicht System-, sondern „Lebensrelevanz" das Kriterium sein.

Die Analyse der systemischen Dringlichkeits- und Optimierungszwänge verdeutlicht: Es sollte nicht einfach um „Exit" aus dem „Lockdown" und rasche Rückkehr zur Normalität gehen – vielmehr wäre ein systemischer Wandel zugunsten des Wichtigen angezeigt.

Vom Wert der Zeit

Die Corona-Krise wirft nicht nur die Frage auf, wie wir leben wollen – sie bietet auch die Chance, über Wohlstand jenseits von Geld und Gütern zu verhandeln.

Von Hans-Jürgen Burchardt

Die Wochen der verordneten Langsamkeit, die uns die Corona-Krise abverlangt, bringen viele Familien an die Grenze ihrer Belastbarkeit. Sie eröffnen aber auch Räume, über unsere Welt nach Corona nachzudenken. Noch sind wir unvorbereitet, verunsichert und erstaunt. Aber vielleicht können wir zumindest dort, wo nicht ums tägliche Überleben gekämpft wird, der erzwungenen Entschleunigung, dem an Einfluss verlierenden Taktstock der Arbeit, der Zuwendung zu Familien und Gemeinschaft etwas Neues abgewinnen: ein Nachdenken über unsere Gesellschaft und deren Wohlstand.

Wenn wir an unsere Vorstellung von gutem Leben oder konkreter, unsere Wünsche für die Zukunft denken, haben die meisten von uns neben Gesundheit materiellen Besitz, gute Arbeit und soziale Absicherung im Sinn, die von Wirtschaftswachstum und gerechter Verteilung getragen werden. Als Messlatte dient uns das Bruttoinlandsprodukt (BIP), die Maßeinheit sind Geld beziehungsweise reale Kaufkraft. Persönliches Glück, gesellschaftlicher Wohlstand und das Entwicklungsniveau von ganzen Ländern werden über eine einzige Zahl bestimmt. Der jetzt von der Pandemie provozierte Einbruch des weltweiten Wirtschaftswachstums verheißt dementsprechend nichts Gutes: Er kündigt Krise und eine düstere Zukunft an.

Doch nicht erst seit der Corona-Krise ist dieser Wohlstand gefährdet. Seit längerem wissen wir mit Blick auf die planetarischen Grenzen, dass unser Wohlstandsverständnis neu verhandelt werden muss. Doch auf Greta Thunbergs berechtigte Warnungen vor der viel größeren Menschheitskatastrophe des Klimawandels wurde bisher nicht mit der gleichen Entschlossenheit, sondern bestenfalls mit distinguierter Betroffenheit und schüchternen Maßnahmen reagiert. Unser Verständnis vom individuellen wie auch gemeinsamen Wohlstand durch Wachstum ist offensichtlich tief in unsere Vorstellungswelt eingesickert.

Dennoch haben wir diese Vorstellungen nicht mit der Muttermilch eingesogen: Noch in der Antike lebten viele nach dem aristotelischen Ansatz des guten Lebens als gelingendes Handeln, der Eudaimonie. Statt immer besser leben (also mehr haben) zu wollen, ging es um das gute Leben an sich. Nicht das Anhäufen von Gütern machte dieses aus, es war vielmehr eine Form sozialen Miteinanders. Mit der Aufklärung wurden diese Vorstellungen zurückgedrängt. Stattdessen setzte sich die Idee vom privaten Glück durch, das sich zunehmend auf das Materielle ausrichtete. Die Hoffnung auf ein selbstbestimmtes Leben wurde zum Heilsversprechen der Moderne. Doch die technische und digitale Dynamisierung generiert nicht nur bedeutende Produktivitätszuwächse, sondern auch soziale Beschleunigung. Für viele gibt es seit langem kein Rasten mehr. Was einst als Selbstbestimmung wahrgenommen wurde, wird zur Anpassung an Zeitzwänge. Und obwohl die steigende Produktivität immer mehr Zeit „freisetzt", muss der Einzelne immer schneller agieren, um noch am Wohlstand teilhaben zu können. Zeitknappheit und Entschleunigung waren vor Corona in aller Munde.

Ein Vorschlag, der uns bei der aktuellen Entdeckung der Langsamkeit inspirieren könnte, über unsere Zukunft nachzudenken, kommt aus Ecuador. Dort wurde versucht, das Verhältnis zwischen materiellem Wohlstand und Wohlbefinden neu zu definieren. Dafür wurden mit Referenz auf zeitgenössische sozialphilosophische Einsichten die Quellen menschlichen Glücks bestimmt und neben dem Bestreben um materielle Absicherung und Gesundheit vier Felder identifiziert, die wir alle nur zu genau kennen: Zeit für (1) selbstbestimmte Arbeit; (2) Muße und Bildung; (3) soziale Beziehungen und (4) Teilhabe am öffentlichen Leben. Jedes dieser Felder stellt ein eigenständiges Gut dar, welches auf sozialer Verantwortung und wechselseitiger Anerkennung beruht. Es handelt sich also um relationale Güter, denn Freund- und

Partnerschaft, Erotik, Familie, ziviles Engagement können nur zusammen genossen werden. Auf dieser Grundlage wurde in Ecuador eine neue Wohlstandsdefinition eingeführt – mit Zeit als deren zentrale Messeinheit: Der Index des guten Lebens (IGL).

Mit dem Vorschlag eines solchen Index geben seine Begründer eine Antwort auf den bedeutenden Wirkungsgrad von statistischen Kennziffern, die uns auch gerade in der Corona-Krise alle wieder im Bann halten: Jeden Morgen blicken wir gespannt oder verstört oder auch voyeuristisch auf die neuen Infiziertenzahlen: Flacht die Kurve endlich ab? Soll ich noch einen Tag auf den nächsten Einkauf warten? Statistiken geben sowohl der Politik als auch dem Einzelnen Orientierung und sind somit bestens geeignet, über zentrale Referenzen die Leitlinien unseres Lebens zu beeinflussen. Warum nutzen wir sie heute nicht intensiv, um uns für das Leben von morgen vorzubereiten? Mit dem Index des guten Lebens wird Zeitwohlstand messbar: Es sind die Zeitquanta, die neben der Absicherung der natürlichen und materiellen Grundbedürfnisse für die Generierung und den Genuss der relationalen Güter verfügbar sind. Neben Geld wird Zeit also zur gleichberechtigten ‚Zweitwährung‘ der Wohlstandmessung. Die Frage, wie wir leben wollen, wird zur Frage, wie wir unsere Zeit verbringen wollen.

Dieser Ansatz birgt mehrere Innovationen: Wenn Arbeit eine Quelle von Wohlbefinden ist, wird menschengerechte Arbeitsplatzgestaltung zur Wohlstandsfrage. Haushalts- und Pflegearbeiten, die für den Wohlstandserhalt entscheidend sind, werden empirisch erfassbar und können aufgewertet werden. Soziale Positionen lassen sich nicht mehr primär über Einkommen, sondern auch über Zeitsouveränität beurteilen. Messversuche zeigten, dass von den einkommensreichsten 20 Prozent Ecuadors gerade einmal ein Sechstel zu denen gehört, die den höchsten Stand an Zeitwohlstand erreicht haben. Dieser Befund propagiert nicht das Motto „arm, aber glücklich“. Im Gegenteil: In allen Erhebungen wird deutlich, dass hinreichendes Einkommen und soziale Anerkennung Voraussetzungen für Zeitwohlstand sind. Wo diese vor allem aufgrund von fehlender oder prekärer Arbeit und/oder hoher sozialer Ungleichheit nicht vorhanden sind, wird das Wohlbefinden drastisch geschmälert. Zeitwohlstand und soziale Kohäsion bedingen sich gegenseitig. Nichts zeigt dies deutlicher als der Umgang mit der aktuellen Quarantänesituation: Dort, wo hinreichend materielle Ressourcen vorhanden sind, wird mit der erzwungenen freien Zeit ganz anders umgegangen als bei Armen: Nicht nur im Globalen Süden bedeutet Quarantäne und Arbeitsniederlegung für viele Familien Darben, Hungern oder mehr Gewalt. Dies schürt soziale Eskalationen und politische Konflikte.

Als Antwort auf die aktuelle Krise hat darum der Ausbau des Gemeinwohls als oberstes Gebot zu stehen. Nicht nur das Corona-Virus tötet, sondern auch unsere Ignoranz, unser Gemeinwohl zu pflegen. Jetzt müssen wir die bereitgestellten Ressourcen primär für unsere Daseinsvorsorge einsetzen. Hier sind besonders die reproduktiven Tätigkeiten in Betreuung und Pflege aufzuwerten. Diese – oft feminisierte – Arbeit wird bisher kaum wertgeschätzt. Als erstes heißt es, die unzureichenden oder kaputtgesparten Gesundheitssysteme so rasch wie möglich in die Lage zu versetzen, mit dem Ansturm der Erkrankten umzugehen. Nach der Corona-Krise muss es darum gehen, mit massiven öffentlichen Infrastrukturinvestitionen in Gesundheit, Bildung, Betreuung und Pflege, Grundversorgung, Transport sowie eine Stärkung des ländlichen Raums eine möglichst universelle Daseinsvorsorge für alle aufzubauen. Das geht nur durch Gemeinsinn. Viren wie Corona lassen sich nicht von einer privaten Versicherung oder den Mauern von gated communities aufhalten.

WAS WIR NUN BRAUCHEN, IST EINE GUTE VERSORGUNG FÜR ALLE – VON ALLEN

Doch wie kann ein neues Gemeinwohl nach Corona aussehen? Aus dem Leitbild des Zeitwohlstandes lässt sich ein konkretes Programm für eine politische Erneuerung ableiten: Zeitpolitik, die öffentlich und partizipativ auf die zeitlichen Strukturen der Menschen Einfluss nimmt, um ihre Chancen auf ein gutes Leben zu erhöhen. Hierbei sind verschiedene Politikfelder identifizierbar: Zeitpolitiken sind gut geeignet, Erwerbstätigkeit und häusliche Arbeit gleichzustellen und Pflege so aufzuwerten, dass die Elternrolle sowie Kranken- und Altenpflege mit Erwerbsarbeit in Einklang gebracht werden kann. Hier sind Regelungen der Lebensarbeitszeit beziehungsweise der Versorgungs- und

Rentenansprüche oder die Gestaltung von Altersteilzeit konkrete Instrumente. Eine Erweiterung öffentlicher Infrastruktur und Programme – wie bessere Kinderbetreuung und Altenpflege, nicht karrierehemmende Eltern oder Pflegezeiten – sind ein weiteres Gebot der Stunde. Die provokante Frage, warum wir Menschen, denen wir unsere Kinder oder Alten anvertrauen, weniger Geld zahlen als jenen, denen wir unser Geld überlassen, weist ebenso auf fehlenden Zeitwohlstand wie auf fehlende Lösungen hin: Reproduktive Tätigkeiten sind heute weltweit entwertet und können über Zeitpolitik endlich vollwertig anerkannt werden. Erst die Corona-Krise schreibt diesen Tätigkeiten die Bedeutung zu, die sie für uns alle schon immer hatten: sie sind „systemrelevant".

Die heute in eine kurze Lebensspanne zusammengedrängten Aktivitäten (berufliche Karriereplanung, Familiengründung, Zukunftsabsicherung), die bei vielen der Generation der 25- bis 45-Jährigen zu einer rastlosen Rushhour of life wurden, könnten durch kluge Arbeitszeitmodelle entlastet werden. Sie würden die tradierten Formen der häuslichen Arbeitsteilung und das Leitbild des biografischen Nacheinanders (Jugend – Erwerbstätigkeit – Alter), welches in der mittleren Phase fast zwanghaft starken Stress provoziert, aufbrechen und neue Muster des zeitlichen Miteinanders entwickeln helfen. Mit Zeit als Wohlstandsindikator würde Arbeitszeitverkürzung enorm an Attraktivität gewinnen. Statt um weniger Arbeit für Vollbeschäftigung würde um mehr Zeit für höhere Lebensqualität gerungen. Leistung würden weiter „entlohnt": Nicht mehr allein über Einkommen, sondern auch über mehr Zeit.

Viele Regierungen reden heute von Verstaatlichungen. Sie setzen dabei primär auf Stabilisierung und Systemerhalt; oft wird nur an die Verstaatlichung von Verlusten gedacht. Stattdessen könnte die Politik die Chance nutzen, auch über neue Eigentumsformen und Mitbestimmungsrechte sowie neue Arbeitszeitmodelle nachzudenken. Der Staat kann die Phase des massiven Home-Office nutzen, über den normsetzenden öffentlichen Dienst zeitpolitische Maßnahmen breitenwirksam in die Arbeitswelt einzuführen. Vorschläge sind die „kurze Vollzeit für Alle", „Lebensarbeitszeit-Konten", die mit Blick auf Vereinbarkeit von Beruf und Familie noch zu wenig ausgereizten „Teilzeitgesetze" oder

Rechte auf temporäre Freistellungen. Studien aus Deutschland belegen, dass bereits heute viele Arbeitnehmer statt mehr Geld mehr freie Zeit als Leistungsanreiz bevorzugen.

Dass sich Zeitpolitiken bisher nicht durchgesetzt haben, ist wenig verwunderlich. Schließlich stützen die tradierten Zeitregime komplexe Strukturen ab und ihre Veränderung rüttelt an mächtigen Institutionen. Doch die Corona-Krise ändert alles. Sie gibt uns die Gewissheit, dass der Staat handlungsfähig ist und Politik Gemeinwohlinteressen durchaus durchsetzen kann – wenn sie will, wie und gegen wen sie will und wo sie will. Sie kann wie in Europa gewichtige und folgenreiche Dogmen wie die Schuldenbremse, die schwarze Null und sogar die EU-Maastricht-Kriterien per Handstreich aussetzen, Unternehmen verstaatlichen und mit Corona-Bonds die richtige Idee der europäischen öffentlichen Gesamtverschuldung aufleben lassen.

Was wir nun brauchen, ist eine gute Versorgung für alle – von allen. Darum ist jetzt eine demokratische Beschränkung der Finanzmärkte durch Kredit- und Devisenkontrolle vonnöten; und die Gewinne aus Vermögen und Kapital müssen deutlich höher besteuert werden. Corona-Zeit ist die Zeit, endlich das eine Prozent der Weltbevölkerung in die gesellschaftliche Verantwortung zu nehmen und effektiv zu besteuern, welches weit mehr als 40 Prozent des Weltvermögens besitzt. Das ist im Grunde gar nicht schwierig und kann jedes Land für sich selbst tun. Wichtig ist nur eine internationale Kooperation, die Steueroasen austrocknet und Kapitalflucht verhindert. Die Schwächung der Londoner Börse durch den Brexit eröffnet hier exzellente Ausgangsbedingungen – und Deutschland als einer der größten Schattenfinanzmarktplätze sollte mutig voranschreiten. Gleichzeitig ist jetzt der Moment, in Europa über ein bedingungsloses Grundeinkommen nachzudenken. All das ist mehr als ein Anfang, es ist eine Perspektive!

WIR ENTSCHEIDEN HEUTE, WELCHE GESCHICHTE ES EINMAL ZU ERZÄHLEN GIBT

Corona-Zeit ist Zeit für Zeitpolitik. Sie ist nicht moralisierend, sondern erlaubt nach der Krise Wohlstandsgewinne für alle und ist politisch und im Alltag leicht vermittelbar. Sie richtet unsere Zukunft und Fortschritt stärker auf immaterielle – und somit ressourcenschonendere – Ziele aus, ohne in Fundamentalopposition zu ökonomischen Erfordernissen zu gehen. Ihr Leitbild weicht nicht das Recht der „Habenichtse" dieser Welt auf bessere materielle Lebensbedingungen auf, sondern bietet der Mittelschicht an, die eigene Lebensqualität zu steigern, ohne durch ihren überdehnten Ressourcenkonsum anderen Menschen – und zuletzt sich selbst – Verbesserungen zu verwehren. Ein solcher Zeitwohlstand könnte zum Lifestyle der nächsten Generationen werden, wenn es uns heute gelingt, die richtigen Lehren aus der Corona-Krise zu ziehen – und dank ihr die Klimakatastrophe abzuwenden.

Doch machen wir uns nichts vor: Nach der Krise ist vor der Krise! Die Schockwellen, mit der das Coronavirus gerade die Bruchstellen unserer Zeit laut knirschen lässt, garantieren noch keine Veränderung. Krisen sind Prozesse, in der soziale, ökonomische, kulturelle und politische Konstellationen erschüttert, aufgebrochen und neue Konstellationen hervorgebracht werden, sich aber Bestehendes genauso verhärten kann. Fallen wir nach der Krise in die alten Muster zurück, werden bald wieder weltweit Austerität und Finanzmärkte dominieren, Sparpolitiken diktiert und zu Kahlschlag und Sozialabbau führen, der vermutlich mehr Menschen tötet als das Coronavirus heute. Unsere Zeit wird weiter verknappt, unsere Daseinsvorsorge wird weiter ausgelaugt werden. Wenn sich dann die nächste Pandemie – oder doch der Klimawandel, der ebenfalls keine Grenzen kennt – über diese letzten Reste von Menschlichkeit hermacht, ist es wenig wahrscheinlich, dass unsere Kinder ein weiteres Mal verschont werden.

Diese Gnade gebührt uns nur einmal. Wir entscheiden heute, welche Geschichte es einmal zu erzählen gibt. Darum gilt jetzt: Corona-Zeit ist Wendezeit!

Ein gutes Leben ist möglich

Warum Corona die Chance bietet, jenseits ökonomischer, technologischer und wissenschaftlicher Diktate die europäische Tradition der Aufklärung zu erneuern.

Von Olivia Mitscherlich-Schönherr

H itze, Stürme, Hochwasser. Artensterben, Gletscherschwund und Heuschreckenplagen. Schweinepest, Krebs, und jetzt: Corona. Man mag sich an die biblischen Plagen erinnert fühlen, doch der innere Zusammenhang dieser unterschiedlichen Krisenphänomene lässt sich auf einen Begriff bringen: das Anthropozän. Als Anthropozän wird jene Erdepoche bezeichnet, die in den 1950er Jahren angebrochen ist und in der der Mensch einen wichtigen Faktor in den biologischen, geologischen und atmosphärischen Erdprozessen bildet.

Bereits zu Beginn dieser Erdepoche haben Theodor W. Adorno und Max Horkheimer das biopolitische Muster des Anthropozäns auf den Begriff der „Dialektik der Aufklärung" gebracht: Im Streben nach Lebenserhalt haben wir ein System der Naturbeherrschung geschaffen, dessen Eigendynamik neue Abhängigkeiten und Krisen hervorbringt. In Bezug auf den Klimawandel ist der Begriff des Anthropozäns in den letzten Jahren häufig gefallen. Wenn wir auch unsere gegenwärtige Corona-Krise im Horizont des Anthropozäns verstehen, verschaffen wir uns nicht nur Möglichkeiten der Analyse und der Kritik unserer gegenwärtigen Krisengestaltung, sondern wir können darüber hinaus in konstruktiv-gestalterischer Hinsicht auch politische Lernprozesse skizzieren, in denen wir inmitten der Krise zugleich erste Ansätze zu einem alternativen Anthropozän ausbilden: einem Anthropozän, in dem die von Adorno und Horkheimer diagnostizierte Dialektik der Aufklärung unterlaufen wäre.

155

Der Blick auf den Gesamtzusammenhang des Anthropozäns reiht die gegenwärtige Corona-Pandemie in den weiteren Kontext unseres Naturverhältnisses ein. Zugleich tritt das Ineinandergreifen von Lebenserhalt, Lebensbemächtigung und Lebensökonomisierung als Muster unserer gegenwärtigen Krisenbewältigung hervor. Alle Anstrengungen der Pandemiebekämpfung, die wir in den letzten Wochen getätigt haben und in nächster Zukunft wahrscheinlich noch tätigen werden – vom Schließen der Schulen, der öffentlichen und kulturellen Einrichtungen, Geschäfte, Restaurants über die Grenzschließungen im Schengenraum bis zu den Tracking-Apps – sind auf das Ideal des Lebenserhalts ausgerichtet: Leben vor der Vernichtung durch das Virus zu retten.

Dabei überantworten wir die Lebensrettung dem modernen Gesundheits- und Medizinsystem. Den Virologen sprechen wir die Kompetenzen zu, die Krise richtig zu analysieren; den Intensivmedizinern, Covid-19-Patienten am besten zu begleiten. Damit übernehmen wir in unserer Krisenbewältigung aber die biopolitischen Muster, die sich im Zuge des modernen Gesundheits- und Medizinsystems ausgebildet haben: Leben um seines Erhalts willen immer weiter – man denke an die intensivmedizinische Reanimation – in die menschliche Verfügungsmacht einzubeziehen; und diese Anstrengungen der Lebensbemächtigung um seines Erhalts willen unter ökonomischen Maßgaben zu verfolgen.

Unsere gegenwärtige Krisenbewältigung hat ihren Preis: inner- wie außermedizinisch. Unsere allein intensivmedizinische Begleitung von Covid-19-Patienten beschwört nicht nur die Gefahr der Triage herauf; in ihr wiederholt sich auch ein medizinethisches Problem, das seit Jahren kritisch diskutiert wird: dass die intensivmedizinische Bewahrung des Lebens nicht mehr notwendig mit einer entscheidenden Verbesserung des körper-leiblichen Gesamtbefindens zusammenfallen muss. Solch ein herausgezögertes Sterben ereignet sich in der Gegenwart immer wieder bei Covid-19-Patienten, die beatmet werden.

Aber auch jenseits des Medizinsystems ist unsere biopolitische Bewältigung der aktuellen Krise nicht unproblematisch. Nicht nur läuft unsere Krisenbewältigung in der Gegenwart Gefahr, in ihrer alleinigen Fokussierung auf den Virus die anderen Krisen des Anthropozäns –

insbesondere die Klimakrise – zu vergessen, denen wir hier und jetzt ebenfalls ausgesetzt sind, und die uns noch in ganz anderem Umfang bedrohen. Darüber hinaus droht unsere politische Krisenbewältigung in einen paternalistischen Politikstil zu kippen, der in Anleitung durch die Experten aus dem Medizinsystem „durchregiert"; dem öffentliche Debatten primär noch dazu dienen, in der Bevölkerung Akzeptanz für die beschlossenen Eingriffe in die Freiheitsrechte zu schaffen; und der in den Digitaltechnologien ein effektives Mittel zur Hand hat, um Ansteckungsketten zu verfolgen und die Einhaltung der Quarantänemaßnahmen zu überwachen.

Und schließlich bringt auch die Form der Solidarität, die wir gegenwärtig ausüben, eigene Ambivalenzen hervor. Die gemeinschaftliche Solidarität der Fürsorge für unsere Nächsten, die wir in unseren Maßnahmen der sozialen Distanzierung praktizieren, läuft Gefahr, in Mechanismen der Normalisierung und des Ausschlusses zu kippen: Wir drängen Menschen – insbesondere die vulnerablen Gruppen der Alten und Vorerkrankten – in die Vereinsamung, überlassen Kinder zerrütteten Familienstrukturen, zerstören die Existenzgrundlage vieler Berufsgruppen, vergessen die Flüchtlinge an der griechisch-türkischen Grenze und häufen Schuldenberge an, die unsere Kinder werden schultern müssen.

Unsere biopolitische Krisenbewältigung ist nicht alternativlos: weder in ihrem Naturverhältnis noch in ihrer Form der politischen Entscheidungsfindung. Nach dem „Lockdown" stehen wir jetzt – am Beginn der „Protection"-Phase – vor politischen Weichenstellungen. Jenseits von ökonomischen, szientistischen und technologischen Diktaten können wir bei der weiteren Gestaltung der epidemiologischen Krise die europäische Tradition der Aufklärung erneuern – und erste Ansätze zu einem alternativen Anthropozän ausbilden, mit denen wir das Auseinanderdriften von Lebenserhalt und gutem Leben unterlaufen.

Politisch ginge es zunächst darum, pluralistische Formen der Krisenbewältigung auszubilden, in denen das Wissen der unterschiedlichen natur-, geistes- und sozialwissenschaftlichen Disziplinen in die demokratischen Debatten eingespeist wird – anstatt entweder abgewehrt oder als Herrschaftsinstrument benutzt zu werden. In den kommenden Wochen und Monaten können und sollten wir – als Kinder, Eltern, Junge, Alte, Erkrankte, Gesunde, Agnostiker, Gläubige mit unterschiedlichsten Berufen und Lebensmodellen – über eine gute Gestaltung unseres gesamtgesellschaftlichen Lebens unter den Bedingungen der Pandemie debattieren.

In solchen pluralen Debatten können wir unsere Analysen der Corona-Krise, unsere Analysen der politischen Krisenbewältigung und unsere normativen Leitprinzipien aneinander abgleichen. Auf diese Weise können wir inmitten der aktuellen Krise politische Lernprozesse durchlaufen, in denen wir unterdrückte Aspekte des Guten zur Sprache bringen und in unsere künftige Lebensgestaltung einbeziehen. Damit können wir zugleich unsere Form der Solidarität in der Krise demokratisch erweitern. Jenseits unserer gegenwärtig getätigten, gemeinschaftlichen Solidarität bestünde eine genuin demokratische Solidarität nämlich genau darin: dass wir miteinander um eine Vervollkommnung unserer politischen Ordnung ringen, in deren Gestalt wir uns wechselseitig zum Verfolgen unserer pluralen Vorstellungen eines guten Lebens unter den Bedingungen des Anthropozäns befähigen

ES IST ZEIT, UNTERDRÜCKTE ASPEKTE DES GUTEN ZUR SPRACHE ZU BRINGEN

In der anstehenden Debatte über eine Neuordnung unseres Gesundheits- und Medizinsystems ist meines Erachtens die vorherrschende Annahme zu überdenken, dass eine gute Begleitung von Covid-19-Patienten primär von der Intensivmedizin geleistet wird. Statt uns in die Fehlalternative bannen zu lassen, entweder das System des intensivmedizinischen Herauszögerns des Sterbens weiter auszubauen oder in utilitaristischer Manier Richter über Leben und Tod zu spielen, sollten wir vielmehr eine andere Bewegung weiterverfolgen, die wir unter unseren Corona-Ängsten vergessen haben: die ganzheitliche Erweiterung (nicht: Ersetzung) der Begleitung von alten, schwerkranken und sterbenden Menschen im Rahmen einer gesamtgesellschaftlichen Sorge-Kultur, in der auch das Wissen der Palliativmedizin, der Hospizbewegung und der An- und Zugehörigen gehört wird. Im Rahmen einer solchen Sorge-Kultur könnten wir Menschen in ihrem individuellen Sterben begleiten und hoffentlich nicht isoliert von denjenigen sterben lassen, von denen sie sich hätten verabschieden wollen – und wir könnten selbst „gewinnen", indem wir uns mit unserer eigenen Sterblichkeit auseinandersetzen.

In den Debatten über die wirtschaftlichen Wiederaufbauprogramme der kommenden Monate sollten wir das Ziel überdenken, zur Vor-Corona-Zeit zurückzukehren – um entweder dafür einzutreten, nach dem „Gießkannenprinzip" alle gesellschaftlichen Gruppen ein bisschen zu unterstützen, oder unsere Hilfen auf die Stakeholder der neoliberalen Wirtschaftsordnung zu konzentrieren. Blieben wir darin doch der überkommenen Wirtschaftsordnung in den Bahnen der Naturbeherrschung und -ausbeutung verpflichtet.

EIN HANDELN, DAS AUCH SOLIDARISCH IST MIT NACHFOLGENDEN GENERATIONEN

Vielmehr sollten wir diese Lehre aus den Erfahrungen der letzten Wochen ziehen: dass die Krisen des Anthropozäns nicht abstrakt bleiben, sondern in Mitteleuropa ankommen und uns unter anderem auch enorme wirtschaftliche Einbußen abverlangen; dass die neoliberale Marktordnung zu den gegenwärtigen Krisen mitbeigetragen hat, indem wir uns in Abhängigkeit von Billigwaren verstrickt haben, die außerhalb unseres Blickfeldes unter Verletzung basaler Sozial- und Umweltstandards hergestellt werden; und dass auch unsere neoliberalen Wirtschaftsprinzipien politisch eingeschränkt werden können, wenn sie ihrem übergeordneten Zweck des Lebenserhalts ganz offensichtlich nicht dienen.

Von diesen Erfahrungen sollten wir uns zu einer demokratischen Neuordnung unserer Wirtschaftspolitik motivieren lassen, die Umwelt- und Sozialstandards auf nationaler, europäischer und globaler Ebene durchsetzt: indem bei der Vergabe der Corona-Fördermittel nur solche Unternehmen berücksichtigt werden, die diese Standards in all ihren globalen Produktionsstätten einhalten; indem Europa als der Wirtschaftsraum, in dem wir die Einhaltung dieser Standards festsetzen und kontrollieren können, durch Corona-Bonds sowie die Förderung ansässiger Produktionsstätten gestärkt wird; und indem im europäischen Außenhandel Abgaben auf solche Waren erhoben werden, deren Produktion den europäischen Umwelt- und Sozialstandards nicht genügen.

Nebenbei verhielten wir uns mit diesen unterschiedlichen Ansätzen zu einem alternativen Anthropozän auch solidarisch mit den kommenden Generationen, über deren Welt wir in unserer gegenwärtigen Krisengestaltung mitentscheiden.

Wie wir in der Krise wachsen können

Mitten in der Hochphase der Coronavirus-Pandemie hat die Ärztin Monika Langeh aus Neu Deldhi ein Modell entwickelt, um Menschen aufzuzeigen, wie die Krise die Persönlichkeit fordert, aber auch fördern und wachsen lassen kann.

Von Thomas Kaspar

D rei Kreise bringen auf den Punkt, was viele in einer Krise erleben. Nachdem sich die Panik gelegt hat, beginnen wir zu lernen. Entscheidend ist die dritte Phase des Wachstums. Um dorthin zu gelangen sind immer drei Dimensionen wichtig: Selbsreflektion, Einbeziehen der anderen und Entwickeln von Werten für den eigenen Lebensplan.

Monika Langeh sieht einige Werte als zentral an, damit die persönliche Weiterentwicklung gelingen kann. An andere zu denken und hilfreich sein zu wollen, öffnet auch für das Selbst den Weg, um sich aus dem „Warteraum zwischen etwas" zu einem Ziel zu öffnen. In diesem Sinn ist das Phasenmodell auch eine Anleitung für uns. Welche Werte und Ziele am Ende der Krise stehen, definieren wir selbst. Wir müssen sie uns nur explizit machen und auch wirklich vornehmen.

ERSTE PHASE DER CORONA-KRISE: PANIK UND ANGST

In der ersten Phase sind wir von Panik und Angst bestimmt. Wir haben kaum Informationen und horten unsystematisch alles, was nützlich

161

WER WILL ICH SEIN WÄHREND COVID-19?

Ich denke an andere und daran, wie ich helfen kann.

Ich beginne damit Kontrolle aufzugeben.

Ich bin nicht in einem Warteraum zwischen irgendetwas. Das ist das Leben.

Ich höre auf Dinge zu konsumieren, die mir nicht guttun – von Nachrichten bis zu Essen und Trinken.

Ich suche und teile alles, was ich zum Virus finden kann.

Ich bin schnell angespannt und gereizt.

Ich mache mir einen persönlichen Plan, um die Zeit zu nutzen.

Ich frage: Wie soll dieser Moment sein?

ANGSTPHASE **LERNPHASE** **WACHSTUMSPHASE**

Ich mache Panikkäufe.

Ich verhalte mich wie ein Opfer und suche nach Schuldigen.

Ich nehme wahr, dass jeder sein Bestes gibt in einer extrem komplizierten Situation.

Ich fange an im Jetzt zu leben mit einem klaren Bild davon, was als nächstes kommt

Ich hamstere Toilettenpapier, Essen und Medizin, die ich eigentlich nicht brauche.

Ich suche und teile alles, was ich zum Virus finden kann.

Ich suche nach neuen Möglichkeiten.

Ich bin wertschätzend und dankbar.

Copyright: Monika Langeh, Übersetzung: Thomas Kaspar, April 2020

sein kann. Unsere Bedürfnisse sind auf ein Minimum reduziert: Überleben und irgendwie heil aus der Situation herauskommen.

In Bezug auf andere, gelingt es uns in dieser Phase noch kaum Abstand zu uns selbst zu gewinnen. So verhalten wir uns selbst wenig aktiv, fühlen uns als Opfer und suchen nach einem Schuldigen.

ZWEITE PHASE DER CORONA-KRISE: SELBSTDISTANZ UND LERNEN

Mit der Fähigkeit, Abstand zum Geschehen zu bekommen, beginnt das Lernen. In dieser Phase können wir unterscheiden zwischen den Dingen, die uns guttun und denen, die uns schaden. Und wir gestalten aktiv, was wir konsumieren. Die Panikkäufe sind vorbei, wir besorgen unser Leben wieder systematisch nach Plan. Aber wir können auch Nachrichten kritisch einordnen. Und wir beginnen zu verstehen, was wir benötigen, um Entscheidungen zu treffen.

Unser Verhältnis zu anderen ändert sich grundlegend. Mit der wiedererwachten Selbstkompetenz können wir auch anderen zugestehen, dass sie nur das Beste in einer unklaren Situation versuchen. Damit verstehen wir, dass es keine kompletten Informationen gibt, die alle Eventualitäten berücksichtigen. Wir können erste Pläne für unser Leben in einer unsicheren Welt gestalten.

DRITTE PHASE DER CORONA-KRISE: WACHSEN DANK WERTEN

Der Umschwung von der Lernphase in die Wachstumsphase kommt mit einer veränderten Sicht auf sich selbst. Ich erkenne, dass ich nicht nur weiß, was ich mir für mich sichern will, sondern auch, dass ich selbst etwas zu geben habe. Ich werde zum Akteur meiner eigenen Lebenswelt.

Damit ändert sich auch unser Zeitgefühl fundamental. War die erste Phase unmittelbar von der Gegenwart geprägt, konnte die Lernphase den Schritt in die Gegenwart machen. Die Wachstumsphase träumt sich ganz in die Zukunft und fragt, wer ich sein will trotz oder wegen einer Krise, die diesmal Covid-19 heißt. Aus dieser Vision lassen sich

Werte für mein gegenwärtiges Handeln ableiten. Aus dieser Vision entsteht innere Ausgeglichenheit.

Für Monika Langeh sind diese Werte von einem heilsamen Leben in Einklang mit den Mitmenschen geprägt. In ihrem Modell haben wir aus der Angst- und der Lernphase eine neue Fähigkeit mit in das eigene Wachstum mitgenommen. Dank Covid-19 haben wir gelernt, uns an neue Anforderungen anzupassen. Die Methode sich selbst zu reflektieren, an andere zu denken und aus der Vision der Zukunft Werte für den eigenen Lebensplan zu entwickeln, diese Methode funktioniert nicht nur während Pandemien. Sie macht unser Leben bei jeder Herausforderung besser.

An andere zu denken und hilfreich sein zu wollen, öffnet auch für das Selbst den Weg, um sich aus dem „Warteraum zwischen etwas" zu einem Ziel zu öffnen. In diesem Sinne ist das Phasenmodell auch eine Anleitung für uns: Welche Werte und Ziele am Ende der Krise stehen, definieren wir selbst. Wir müssen sie nur für uns selbst in Worte fassen. Und sie uns auch wirklich vornehmen.

Mit starkem Herzen die Welt verändern

Auch wenn Corona alles durcheinanderwirbelt: Der Weg der Erneuerung beginnt nicht mit Angst. Die Wende lässt sich nur mit Ruhe und innerem Frieden vollziehen.

Von Judith Döker

Wie jeden Morgen hievten Suraj und ein junger Mann, den alle nur „Boy" nannten, einen großen Bottich mit Reis und einen Bottich mit dem Hülsenfrüchte-Brei Dal in einen alten, ausrangierten Krankenwagen. Für mich war es der erste von insgesamt 28 Tagen, an denen ich die beiden Männer fotografisch begleitete, die den Ärmsten der Armen auf den Straßen Kalkuttas eine warme Mahlzeit bringen.

Morgendlicher Nebel lag noch über der Stadt, und die sonst so verstopften Straßen waren leer. Bestimmt 20 Menschen warteten schon an der ersten Station auf uns. Jeder von ihnen bekam eine Kelle Reis, eine halbe Kelle Dal und ein Glas Wasser. Dann ging es zügig weiter. Nächster Stopp war die Howrah Bridge. Ein paar Kühe bedienten sich gemächlich an einer Müllkippe. Unmittelbar daneben war eine Plane provisorisch an einer Mauer befestigt, die als Behausung diente. Dahinter lugte eine junge Frau hervor. Freudestrahlend kam sie auf uns zu und wechselte ein paar Worte auf Bengali mit den Männern. Mir gab sie durch eine Handbewegung zu verstehen, dass ich kurz warten solle. Sie verschwand hinter der Plane, griff ihr Baby und präsentierte mir den kleinen Jungen voller Stolz. Suraj und der Boy saßen schon im Auto und warteten auf mich.

„Warum hat denn die Frau nichts zu essen bekommen?", fragte ich. „Sie sagte, dass sie heute kein Essen braucht", antwortete Suraj und fügte mit einem milden Lächeln hinzu: „Du wirst staunen. Es gibt ein paar Leute hier auf unserer Route, die das Essen nur dann annehmen, wenn sie es auch wirklich brauchen. Ansonsten überlassen sie es denjenigen, für die der Teller Reis die einzige Mahlzeit am Tag ist."

Seit dieser Fotoreise nach Kalkutta war ich in vielen Krisen- und auch Kriegsgebieten unterwegs und habe Menschen porträtiert. Ich habe diejenigen gesehen, die ein Leuchten in den Augen haben, obwohl sie bitterarm sind. Ich habe die gesehen, die Vertrauen haben, obwohl es ihnen an fast allem fehlt. Und ich habe die gesehen, die kein Vertrauen haben und sich arm fühlen, obwohl sie so viel besitzen. Denn was unterscheidet die junge Mutter aus Kalkutta von einem Menschen in Mitteleuropa, der zu Zeiten von Corona Toilettenpapier hamstert? Die junge Frau aus Kalkutta handelt nicht aus der Angst heraus. Sie spürt ihr Herz und vertraut darauf, dass sie zur rechten Zeit wieder eine Mahlzeit bekommen wird. Ein Mensch aber, der von der Sorge getrieben ist, dass ihm während der Zeit des Shutdowns das Toilettenpapier ausgeht, handelt aus einem Mangelbewusstsein heraus und damit aus der Angst.

Und genau das ist das Problem. Unsere Welt krankt an der Angst. Denn da wo Angst ist, kann keine Liebe sein. Dieser Mangel an Liebe ist für die meisten von uns aber so selbstverständlich, dass er gar nicht weiter auffällt, es sei denn, er zeigt sich in einer extremen Form. Ansonsten bestimmt er unerkannt große Teile unseres Alltags und drückt sich durch Frust, Zweifel, Sorge, Unachtsamkeit, Unfreundlichkeit, Niedergeschlagenheit, Dumpfheit, Konkurrenzdenken, Leistungsdenken, Neid, Missgunst, Misstrauen, Verurteilung, Schuldzuweisung, Bewertung, Verteidigung, Egoismus, Gier, Ignoranz, Apathie und eben Angst aus.

Jeder von uns kennt diese Zustände. Aber genau dieser Mangel an Liebe ist dafür verantwortlich, dass wir weltweit ein System erschaffen haben, das ebenfalls nicht auf Liebe aufgebaut ist und mit dem wir unseren wunderschönen Planeten an den Rand des Kollaps getrieben haben. Dieser Mangel an Liebe lässt auch zu, dass wir jedes Jahr Millionen von Menschen verhungern lassen, obwohl unser vor Reichtum überbordender Planet fast doppelt so viele Menschen ernähren könnte, wie er Erdenbürger hat. Doch anstatt in Ohnmacht, Hoffnungslosigkeit oder Wut zu ertrinken, wäre es viel hilfreicher, uns in unserer Herzkraft zu stärken, damit eine völlig neue Weltordnung überhaupt möglich wird. Eine Weltordnung, in der nicht die Angst, sondern die Liebe die bestimmende Kraft ist.

Werfe ich aber einen Blick in die Nachrichten, lässt mich der Eindruck nicht los, dass sich neben den aktuellen Corona-Entwicklungen alles darum dreht, wie wir nach dem Shutdown möglichst zügig wieder zu unserer „alten Normalität" zurückfinden können. Das kann doch nicht unser Ernst sein?! Reicht solch eine immense Erschütterung immer noch nicht aus, um einen Blick über den Tellerrand zu werfen und nach neuen Ansätzen Ausschau zu halten, wie Gesellschaft auch friedlich gelebt werden kann? Unsere ausbeuterische Art zu leben ist doch nicht alternativlos. Wenn wir auf diesem Planeten überleben wollen, dann können wir nicht weiter so dumpf und unbewusst vor uns hinleben und Ressourcen verschleudern.

Wir müssen uns bewegen. Wir brauchen eine ganz neue Wertepyramide – und zwar in allen Bereichen unseres Lebens. Werte, die dem Allgemeinwohl dienen und nicht nur ein paar wenigen, dürfen keinen Luxus mehr darstellen. Ein ambitioniertes Projekt, das sich eine Regierung, ein Konzern oder eine Privatperson wie eine Blume ans Revers steckt, ansonsten aber auf Kosten der Allgemeinheit und des Planeten munter weitermacht – damit muss jetzt Schluss sein! Es bedarf einer viel höheren Verantwortung.

Natürlich kann niemand im Alleingang ein globales System stürzen. Doch jede Einzelne und jeder Einzelne kann bei sich selbst beginnen. Etwas wirklich Neues wird aber nicht entstehen, indem wir unser Augenmerk lediglich auf unser Handeln im Außen richten und dann bestenfalls weniger shoppen, weniger fliegen, im Bio-Markt einkaufen, auf Fleisch verzichten und so fort. Nein, damit ein neues Bewusstsein und damit ein ganz neues Gesellschaftssystem überhaupt entstehen kann, müssen wir unseren Blick erst einmal nach innen richten. Und das bedeutet: Einatmen. Ausatmen. Herz spüren.

Ich stelle mir oft vor, jeder Mensch würde mindestens einmal am Tag seine Gedanken beruhigen, um innerlich in den Frieden zu kommen – und zwar völlig unabhängig davon, welcher Sturm gerade durch sein äußeres Leben fegt. Ich stelle mir vor, jeder Mensch würde dafür sorgen, dass er mindestens einmal am Tag dieses warme Gefühl von Vertrauen in sich spürt. Nach und nach würden dann immer mehr Menschen aus ihrem inneren Frieden, aus ihrer Ruhe und ihrer Liebe heraus handeln – die Welt wäre im Handumdrehen eine völlig andere. Solch ein Wandel ist möglich! Er kann aber nicht von oben aufoktroyiert werden. Im Umkehrschluss bedeutet das, dass sich niemand aus der Verantwortung ziehen kann. Und wer jetzt den Einwand erhebt, dass es ja völlig unrealistisch sei, dass ein Großteil der Menschheit damit beginnen wird, den Blick nach innen zu richten, für den habe ich eine gute Nachricht. Es braucht gar nicht so viele, um den sogenannten Kipppunkt zu erreichen. Ungefähr fünf Prozent der Bevölkerung reichen aus, um eine Lawine ins Rollen zu bringen. Diese Bewusstseinssprünge sind wissenschaftlich nachweisbar.

Hilfreich wäre auch, einen Blick über die Grenzen Europas zu werfen und von Menschen zu lernen, die nicht so sehr am Tropf des Kapitalismus hängen. Von Naturvölkern. Von Bewohnern utopischer Gemeinschaften wie Auroville oder Findhorn. Von den innerlich Reichen wie der Frau aus Kalkutta. Aber auch von Menschen, die am Rande der Gesellschaft leben und überhaupt nie die Möglichkeit hatten, an diesem verrückten Rennen von schneller, höher, weiter teilzunehmen – und damit gar nicht der Illusion erlagen, ihre Freude, ihre Sicherheit oder gar ihren eigenen Wert an materiellen Dingen oder einer gesellschaftlichen Stellung festzumachen. Auf meinen Reisen bin ich immer wieder Menschen begegnet, denen es gelungen ist, selbst schwierigsten äußeren Lebensumständen innerlich etwas sehr Lichtvolles entgegenzusetzen.

Was es dazu braucht, ist ein Herz, das stärker ist als alle Probleme. Durch das weltweite Drücken der Pause-Taste haben einige von uns ja schon einen kleinen Vorgeschmack darauf bekommen. Die gewaltigen Umbrüche, die damit verbundenen Ängste und die Isolation führen dazu, dass wir innerlich wieder enger zusammenrücken und mehr Solidarität empfinden. Das ist ein wunderbarer erster Schritt in eine gute Richtung. Aber er ist der Not geschuldet. Er ist ein Tropfen auf den heißen Stein im Vergleich zu dem, was möglich ist. Denn was hält uns davon ab, eine Welt aus der Fülle unserer Herzen zu erschaffen?

Lasst uns doch eine Revolution in Gang setzen! Alles, was wir dazu tun müssen, ist, unser Herz zu öffnen. Jeden Tag ein Stückchen mehr. Und dann kann das geschehen, wonach wir uns doch alle im tiefsten Inneren sehnen: Frieden, Glück und Liebe zu spüren – und damit endlich wieder uns selbst.

Die gute Kraft der Engagierten

Auch wenn Populisten die Pandemie instrumentalisieren:
Ihnen gegenüber steht die Zivilgesellschaft, die in der Krise entschlossener,
vielfältiger und auch demütiger auftritt.

Von Rüdiger Rosenthal

Die Welt nach Corona könnte eine bessere Welt werden, dazu haben in dieser Serie viele kluge Menschen Gedanken, Vorschläge und Ideen aufgeschrieben. Es könnte aber auch sein, dass sich einige der Probleme, die sich bereits vor der Krise zeigten, weiter verschärfen. So könnte die erkennbare Instrumentalisierung der Pandemie durch rechte und teilweise auch linke Regierungsgegner zunehmend Anknüpfungspunkte bei jenen finden, die von den Folgen der Bekämpfungsmaßnahmen besonders betroffen sind.

Frankreichs „Gelbwesten-Proteste" und Deutschlands „Hygiene-Kundgebungen" haben manches gemeinsam. An beiden nahmen – nicht nur, aber zu großen Teilen – tatsächlich oder gefühlt Benachteiligte der jeweiligen Krisen teil. Wohlsituierte und besser Abgesicherte protestieren selten, es demonstrieren eher Menschen mit gefährdeter sozialer Gegenwart und Zukunft. Hinzu kommen nicht wenige, denen die Corona-Vorbeugemaßnahmen zunehmend „auf den Geist gehen". Argumentation und Habitus von Teilnehmern der „Hygiene-Demos" in Baden-Württembergs Landeshauptstadt erinnerten deutlich an die Proteste gegen den Bahnhof „Stuttgart 21". Für das Fernsehen Interviewte kritisierten vor allem eine aus ihrer Sicht inakzeptable staatliche Entmündigung und Behördenwillkür.

In diesem Zusammenhang spielt das sogenannte Vorsorgeparadox eine Rolle. Da das Coronavirus viele persönlich oder in ihrem Um-

feld nicht direkt erreicht, werden zunehmend sämtliche Vorsorgemaß-
nahmen infrage gestellt. Bei tatsächlich Abstiegsgefährdeten und von
Ängsten Bedrängten brennen zudem – teils aus nachvollziehbaren
Gründen – gelegentlich die Sicherungen durch. Dies trifft leider auch
auf manche verwirrten Geister zu, die nach fragwürdigen Vereinfa-
chungen suchen und denen Populisten noch in jeder Krise die passen-
den Leimruten ausgelegt haben.

DIE FREIHEIT, ÜBER LANDESGRENZEN ZUM BAUMARKT ZU FAHREN

Der exzessive Machtmissbrauch durch den ungarischen Ministerprä-
sidenten Viktor Orbán, der Minderheiten diskriminiert und eine pres-
sefeindliche Zensurpraxis installiert, oder der törichte Populismus von
Brasiliens Präsident Jair Bolsonaro gehören zu den eklatantesten Auswüchsen einer sich im Schatten der Corona-Krise vollziehenden politischen Regression. Während die ungarische Geschichte eher auf eine
mögliche Abwehr der negativen Entwicklungen im Land hoffen lässt,
verursacht Bolsonaros verfehlte Pandemiepolitik schon jetzt irrepara-
ble Schäden an der brasilianischen Gesellschaft inklusive unzähliger
Covid-19-Erkrankter und -Toter.

Aufwind erfahren populistische Tendenzen aktuell in vielen Ländern
der Welt, auch in Deutschland und hier insbesondere in Ostdeutsch-
land. Schon 1989/90 brach dort eine jahrelang von der Mehrheit der
Ostdeutschen gut versteckte Renitenz gegenüber staatlicher Autorität
hervor. Sie hatten verstanden, dass Unterdrückte und Benachteiligte
die Verhältnisse zum Tanzen bringen können, wenn sie sich gemeinsam auf den Weg machen, wenn sie politische Einschränkungen nicht
mehr akzeptieren und gesellschaftliche Utopien entwickeln. Die friedliche Revolution von 1989, die Bemühungen der vielen runden Tische
im Jahr 1990 um eigenständige Entwicklungen, aber auch später unter
anderen Vorzeichen die Pegida-Demonstrationen oder die prozentual
höhere AfD-Wählerschaft belegen eine spezifisch ostdeutsch geprägte
Widerspenstigkeit auf sehr verschiedene Weise.

Dies zeigt sich auch in der aktuellen Krise. Nachdem zu Ostern 2020
die coronabedingten Einschränkungen der sozialen und wirtschaft-

lichen Aktivitäten gelockert wurden, veröffentlichte das Wochenmagazin „Der Spiegel" auf seiner Internetseite eine Landkarte zum sich ändernden Mobilitätsverhalten der Deutschen. Auf der Karte, basierend auf Daten von Mobilfunkanbietern, war deutlich erkennbar: Je länger die Krise dauerte, desto mehr bewegten sich Ostdeutsche trotz gegenteiliger Empfehlungen wieder so oft von A nach B wie vor der Pandemie, während Westdeutsche eher der Aufforderung gehorchten, zu Hause zu bleiben.

Dass Bewohner der alten Bundesländer geneigter scheinen, auf ihre Mobilität zu verzichten, als viele Ostdeutsche, ist schon erstaunlich. Neben regional bedingten Ursachen, Bayern zum Beispiel hatte sehr strikte „Bleiben Sie zu Hause!"-Regeln, gab es dafür weitere spezielle Gründe. So fuhren aus Mecklenburg-Vorpommern, wo die Baumärkte lange geschlossen waren, viele der in Corona-Zeiten besonders aktiven Heimwerker nach Brandenburg oder Sachsen-Anhalt zu den dort geöffneten Baumärkten. Neben weiteren Besonderheiten wie einer in manchen östlichen Regionen hohen Zahl von Berufspendlern haben die Auffälligkeiten im Mobilitätsverhalten wohl auch psychologische Ursachen.

Trotz gegenteiliger Vorschriften – so war von Ostdeutschen „hinter vorgehaltener Hand" oft zu hören – gab es viele private Besuche bei Familienangehörigen und Freunden, Autos mit Kennzeichen anderer Landkreise standen vor Grundstücken und Häusern, es kursierte der Begriff „Corona-Party". Nachbarn grillten mit Bekannten oder Verwandten in ihren Gärten. Gruppen von Ausflüglern fuhren mit Motor- oder Fahrrädern durchs Land, man verabredete sich an Seen und Flussufern, zu Picknicks und Waldspaziergängen. Auch die bisher größte Demonstration der Corona-Ära fand auf früherem DDR-Gebiet statt: Mit deutlicher Ignoranz gegenüber Abstandsregeln wurde auf dem Ostberliner Alexanderplatz im heute vordergründig nur noch wenig ostdeutsch geprägten Stadtteil Mitte am 6. Juni gegen Rassismus protestiert.

IM WESTEN MACHT ES DEN MEISTEN WENIG AUS, MAL NICHT ZU VERREISEN

Das Erkämpfen einer uneingeschränkten Mobilität gehörte 1989/90 zu den Urmotiven für das Aufbegehren vieler DDR-Bürger in ihrem zuvor weitgehend zugesperrten Land. 28 Jahre lang hatten sie ihr eingeschränktes Leben zumeist widerspruchslos hingenommen, sich mehrheitlich angepasst an die staatlich verordneten Gegebenheiten. Als aber die verkrustete Gesellschaft sich radikal zu ändern begann, bäumte sich auch die ostdeutsche Bevölkerung auf und überrannte die bisherigen Grenzen. Und dann, als sie ihr Eingesperrtsein loswaren, als sie die Reisefreiheit bis zu deren Auswüchsen der Billigflüge und Kreuzfahrten auskosten durften, sollte keiner verlangen, dass sie ihre neu gewonnene Mobilität je wieder aufgeben. Und doch kam es so.

Möglicherweise ist dies eine der Ursachen für das Trotzverhalten Ostdeutscher in der Corona-Krise. Was paternalistisch angeordnet wird, erscheint vielen suspekt, sie haben wenig Vertrauen in politische Eliten und deren Repräsentanten – leider findet sich hier auch die paradiesische Grundierung für allerlei Staatsgegnerschaften und Verschwörungstheorien.

Woher aber stammt in Sachen Mobilität die scheinbare Obrigkeitshörigkeit bei der Mehrheit der Westdeutschen? Ob die Tatsache, dass sie den „von oben" angeordneten Verhaltensregeln weitgehend folgten, bei den westlich Sozialisierten etwas mit dem Umstand zu tun hat, dass sie ihre Reisefreiheit bereits als so selbstverständlich ansahen, dass sie zeitweise Einschnitte eher hinzunehmen bereit waren? Dass sie gewissermaßen das Reisen in den zurückliegenden 70 Jahren bundesrepublikanischer Geschichte nicht selten bis zum Überdruss ausgelebt hatten, so dass ihnen ein temporärer Verzicht weniger schmerzlich erschien? Hinzu kommt ein in Jahrzehnten gewachsenes, meist positives Verhältnis zur parlamentarischen Demokratie und zum Gemeinsinn.

Als am 18. März 2020 Angela Merkel in ihrer Fernsehansprache zu den Ausgangs- und Reisebeschränkungen wegen Corona sagte: „Für jemanden wie mich, für die Reise- und Bewegungsfreiheit ein schwer erkämpftes Recht waren, sind solche Einschränkungen nur in der absoluten Notwendigkeit zu rechtfertigen", hat ihr vermutlich die Mehrheit der Westdeutschen innerlich zugestimmt. Bei Ostdeutschen hingegen lassen sich im Zusammenhang mit der Corona-Krise weiter wachsende Aversionen gegen die Entscheidungsmacht politischer Eliten feststellen. Zu den Ursachen gehört auch ein nur wenig ausgeprägte Stolz auf das nach der deutschen Einheit Erreichte.

Die Pandemie scheint nicht nur die Kluft zwischen etablierter Politik und den „Wir sind das Volk"-Populisten, zwischen „Oben" und „Unten", Arm und Reich, zwischen Verteidigern der föderal-staatlichen Verfasstheit Deutschlands und Demokratieskeptikern zu vertiefen. Ursachen und Folgen der Krise weisen zugleich auch auf Auswege aus diesen wachsenden Dilemmata hin. Wo unhinterfragte Fortschrittsgläubigkeit, eine ungehemmte Globalisierung und ungebremstes Wachstum die gesellschaftlichen Probleme verschärfen und Regressionen in möglicherweise sogar barbarische Verhältnisse nicht mehr ausgeschlossen scheinen, wird eines zunehmend systemrelevant: die Zivilgesellschaft. Bei der Gestaltung der „Welt nach Corona" ist sie mehr denn je gefragt.

MIT DEM BEWÄHRTEN GEMEINSINN DIE GESELLSCHAFT MODERNISIEREN

Bürgerinitiativen, Nichtregierungsorganisationen, Gewerkschaften, Parteien, Berufsverbände, gemeinnützige Vereine sowie kulturelle, wissenschaftliche, ökologische und technische Körperschaften sind so wertvoll wie nie. Zusammen treiben sie mit dem Engagement unzähliger Haupt- und Ehrenamtlicher und einem schon in mancher Krise bewährten Gemeinsinn in allen Staaten – wo sie nicht daran gehindert werden – die soziale, kulturelle, wirtschaftliche und ökologische Weiterentwicklung und Modernisierung der Gesellschaften voran. Sie weisen auf Defizite hin und entwickeln Alternativen, sie protestieren und demonstrieren, sie fordern und befördern Reformen der Politik und des Rechts, sie beteiligen sich am Umbau verletzlicher Staaten in zukunftssichere Gemeinschaften und helfen, dem Abrutschen in krisen-, klima- und katastrophengefährdete Verhältnisse vorzubeugen.

Der Fall des Eisernen Vorhangs als historischer Epochenbruch war mit dem Ende der Spaltung der Welt wirtschaftlich und global vermutlich schwerwiegender als die gegenwärtige Pandemie. Deren Herausforderungen sind aber nicht weniger umfangreich und ähnlich schwierig zu bewältigen. Dafür notwendig ist, dass die Zivilgesellschaft aus der Corona-Ära – und hoffentlich nicht als Krisengewinnler im negativen Sinne – noch vielfältiger, überzeugender, politisch radikaler und gern auch ein wenig demütiger als bisher hervorgeht.

Ein neues „Wir" für Europa

Die Währungsunion in ihrer heutigen Form macht Solidarität unter den Mitgliedstaaten praktisch unmöglich. Wie ließe sich das ändern? Ein Modell.

Von Klaus Busch

I n jeder größeren Krise der Eurozone werden die Funktionsdefizite der Wirtschafts- und Währungsunion (WWU) in ihrer heutigen Form und die Notwendigkeit fundamentaler Reformen sichtbar. Das war 2010 der Fall, als ein Zusammenbruch des Euro nur durch die Zusicherung unbegrenzter Interventionen durch die Europäische Zentralbank (EZB) gerettet werden konnte. Das ist auch heute wieder sichtbar, da die Corona-Pandemie die Eurozone und die EU in eine Existenzkrise geführt hat.

Die WWU ist im Maastrichter Vertrag als Geldunion ohne Fiskalunion konzipiert worden, also ohne gemeinsame Haushalts und Schuldenpolitik. Sie läuft sozusagen nur auf einem Bein. Diese Konstruktion bringt es einerseits mit sich, dass sich die Eurozone in gemeinsamen Krisen nicht durch eine einheitliche Fiskalpolitik stabilisieren kann. Sie führt andererseits dazu, dass zwischen den Mitgliedstaaten große, destabilisierende Ungleichgewichte entstehen. Staaten mit geringeren Haushaltsdefiziten und Schuldenquoten stehen Staaten mit wesentlich größeren Defiziten und Quoten gegenüber. In der Folge gibt es permanent politische Konflikte zwischen diesen Staaten bei der Anwendung des sogenannten Wachstums- und Stabilitätspakts, der diese Ungleichgewichte verhindern soll, der an dieser Aufgabe aber letztlich immer wieder scheitert.

In der Corona-Krise kommt verschärfend hinzu, dass die stärker verschuldeten Staaten Italien, Spanien und Frankreich von der Pandemie wesentlich härter betroffen sind als die fiskalisch stabileren Staaten wie Deutschland, die Niederlande und Schweden. Die schon vorhandenen konfliktreichen Ungleichgewichte werden dadurch noch einmal erheblich vertieft. Die heutige WWU verfügt über keine automatischen Mechanismen, welche in dieser Situation stabilisierend wirken könnten. Sie kennt insbesondere keine Transfers von den weniger betroffenen Staaten in die Länder mit wesentlich größeren Problemen.

Italien, Spanien und Frankreich beschwören in dieser Lage die europäische Solidarität und das gemeinsame Interesse an der Stabilisierung Europas. Sie fordern in Form der Corona-Bonds eine gewisse Linderung ihrer Haushalts- und Schuldenprobleme. Deutschland, die Niederlande und Schweden lehnen dies mit dem Hinweis ab, es sei in den Verträgen nicht vorgesehen. Sie bieten den Südstaaten stattdessen verschiedene Formen von Kreditprogrammen an (Kurzarbeitergeld sowie Kredite der Europäischen Investitionsbank EIB oder des Europäischen Stabilitätsmechanismus ESM), und sie wollen einen großen europäischen Wiederaufbaufonds gründen. Dieser Fonds soll die tiefe Rezession bekämpfen, die der EU und vor allem den Südstaaten bevorsteht, aber auch hier gibt es erneut unterschiedliche Vorstellungen über die Form der Verwendung der Mittel. Während der Süden im Wesentlichen verlorene Zuschüsse fordert, insistieren etliche Nordstaaten auf der Ausreichung dieser Mittel ausschließlich in Form von Krediten.

Auch das jüngste Urteil des Bundesverfassungsgerichts zum Anleihen-Kaufprogramm der EZB unterstreicht die Dringlichkeit von Reformen. Hätten wir eine vollkommene Eurozone mit Geld- und Fiskalunion, wäre ein solches Urteil obsolet. Dass das Gericht bei der jetzigen halbierten Konstruktion der WWU die Maßnahmen der EZB kritisiert, zeigt sein mangelhaftes Verständnis der ökonomischen Zusammenhänge. Denn ohne diese Interventionen würde die Eurozone letztlich zerbrechen. Das Urteil ist darüber hinaus politisch brandgefährlich, weil ein nicht zuständiges nationales Gericht sich über die Urteile des einzig zuständigen Gerichts, des Europäischen Gerichtshofs, hinwegsetzt und damit die von Polen und Ungarn bekannte Praxis der nationalistischen Unterhöhlung der europäischen Rechtsordnung weiter befeuert.

Noch ist nicht sicher, mit welchen Blessuren die Eurozone und die EU diese Krise überleben werden. Sicher ist aber, dass es einer Reform an Haupt und Gliedern bedarf, will die EU mit der Eurozone endlich dauerhaft Stabilität erreichen und die permanenten ökonomischen und politischen Konflikte über die europäische Wirtschafts- und Finanzpolitik überwinden. Neben einer gemeinsamen Geldpolitik muss die EU dazu zwingend die Kompetenz für eine gemeinsame Fiskalpolitik erhalten. Diese muss von einer demokratisch kontrollierten Europäischen Wirtschaftsregierung (EWiR) durchgeführt werden.

Da die EU im Unterschied zu föderalen Bundesstaaten nicht über einen ausreichend großen Haushalt verfügt, auf dessen Basis eine europäische Fiskalpolitik durchgeführt werden kann, muss einerseits ihr Etat deutlich vergrößert werden. Vor allem muss aber ein wirtschaftspolitisches Entscheidungsgremium auf EU-Ebene geschaffen werden, das die Eckdaten der nationalen Haushalte festlegt, die EWiR. Nur so lässt sich eine effektive europäische Fiskalpolitik gestalten. Dabei bliebe den Nationalstaaten genügend Spielraum für die konkrete Ausgestaltung der öffentlichen Ausgaben mit je spezifischen nationalen Schwerpunkten.

Im Rahmen des gegenwärtigen institutionellen Gefüges bietet sich folgende Ausgestaltung der EWiR an: Die Europäische Kommission erarbeitet die Grundzüge der europäischen Wirtschaftspolitik und legt dabei auch die Eckwerte der öffentlichen Zentralhaushalte der Mitgliedstaaten fest. Diese Grundzüge müssen vom Rat der Wirtschafts- und Finanzminister (Ecofin-Rat) mit doppelter Mehrheit (Mehrheit der Staaten und der Gesamtbevölkerung) angenommen und vom Europäischen Parlament mit absoluter Mehrheit genehmigt werden (ordentliches Gesetzgebungsverfahren).

Neben einer gemeinsamen Haushaltspolitik bedarf es darüber hinaus einer gemeinsamen Schuldenpolitik. Hier ist die Einführung von Eurobonds, also die gemeinschaftliche Aufnahme von Staatsanleihen durch die Staaten der Eurozone, sinnvoll. Über diese Anleihen werden die Haushaltsdefizite und die Umschuldung der bestehenden Altschulden aller Mitgliedsländer finanziert (Schuldentilgungsfonds).

Die Gemeinschaft trägt zwar die gesamtschuldnerische Haftung für den Schuldendienst, dessen Bedienung bleibt aber Aufgabe der Mitgliedstaaten. Mit dieser Maßnahme können die Zinssätze der hoch verschuldeten Staaten reduziert und deren Erpressbarkeit durch die Finanzmärkte beseitigt werden.

Dieser Schritt in Richtung europäische Solidargemeinschaft setzt die Europäisierung der Haushaltpolitik durch die EWiR zwingend voraus. Sowohl die Supranationalisierung der Schuldenpolitik als auch die Supranationalisierung der Haushaltspolitik sind notwendig, um die Schwächen des Maastrichter Vertrages zu überwinden. Nur so lässt sich das Problem der Fehlanreize vermeiden, das bei Einführung einer gemeinsamen europäischen Schuldenpolitik unter Beibehaltung prinzipiell nationaler Haushaltspolitiken bestünde.

Eine so gestaltete Wirtschafts- und Währungsunion kann die Schuldenregeln des Maastrichter Vertrages, den Stabilitätspakt und den Fiskalpakt abschaffen, deren Sinn nur darin besteht, bei Wahrung der nationalen fiskalpolitischen Kompetenzen den Versuch zu unternehmen, die Haushalts- und Schuldenpolitiken der Nationalstaaten gewissen Regeln zu unterwerfen. Ein Surrogat, das immer nur mehr schlecht als recht funktionierte und zum Dauerstreit zwischen den Mitgliedstaaten führte. Die neue EWiR kann sich so auch vom Zwang befreien, in Gestalt der Austeritätspolitik den höher verschuldeten Staaten harte Spareinschnitte verordnen zu müssen. Diese waren immer mit hohen sozialen Kosten in Form von hoher Arbeitslosigkeit und dem Abbau von wohlfahrtsstaatlichen Leistungen verbunden, die sich in vielen europäischen Staaten als Brandbeschleuniger bei der Stärkung des Rechtspopulismus erwiesen haben. Staatsschulden lassen sich sozialverträglicher durch eine expansive Wachstums- und Beschäftigungspolitik abbauen.

MIT DEN HARTEN SPARAUFLAGEN WÄRE ES ENDGÜLTIG VORBEI

Die EWiR sollte eine europäische Wirtschaftspolitik in Angriff nehmen, die nicht der Austerität, sondern einem ökologisch nachhaltigem Wachstum, einem hohen Beschäftigungsniveau, einem Abbau der großen Leistungsbilanz-Ungleichgewichte und einem sozialökonomischen Aufholprozess der Staaten Ost- und Südeuropas verpflichtet wäre. Die EWiR sollte darüber hinaus ein europäisches Investitionsprogramm auflegen, das der Umsetzung des European Green Deal und der Überwindung der durch die Pandemie-Krise vergrößerten regionalen Strukturprobleme dienen würde.

Das Konfliktpotenzial in einer solchen, auf sozialökonomischen Ausgleich ausgerichteten Wirtschafts- und Finanzpolitik wäre erheblich geringer, als es in der heutigen Eurozone der Fall ist. Die EZB müsste nicht durch massive (und der Kritik ausgesetzte) Eingriffe in den Markt für Staatsanleihen das Zinsniveau hoch verschuldeter Staaten eindämmen, eine Politik, die nicht zu ihren Aufgaben zählt und die nur notwendig wird, weil die heutige Eurozone keine Fiskalunion ist. Die Staaten Südeuropas wären nicht auf Kredite des ESM angewiesen und müssten sich nicht wirtschafts- und sozialpolitischen Auflagen unterwerfen (der ESM könnte abgeschafft werden!). Deutschland sähe sich nicht permanent der internationalen Kritik an seinen Leistungsbilanzüberschüssen und seiner übertriebenen Sparpolitik (Schuldenbremse, Schwarze Null) ausgesetzt, um nur einige der konfliktträchtigen Probleme der heutigen Konstruktion der WWU zu nennen. Darüber hinaus wäre dem Rechtspopulismus, der den Integrationsprozess bedroht, durch die Politik des sozialökonomischen Ausgleichs ein wichtiger Nährboden entzogen.

NUR MIT MEHR SOLIDARITÄT IST DER RECHTSPOPULISMUS EINZUDÄMMEN

Die Pandemie-Krise und die aktuelle existenzielle Bedrohung bieten der EU die Chance, die Fehler der Vergangenheit aufzuarbeiten und sich im oben skizzierten Sinne strukturell zu reformieren. Die von der Kommission unter José Manuel Barroso 2012 vorgelegte Blaupause für eine Reform der WWU, die wichtige Anregungen enthielt, scheiterte bereits nach kurzer Zeit. Auch die 2017 von Emmanuel Macron vorgeschlagenen umfassenden Schritte für eine Weiterentwicklung und Stabilisierung der WWU ließen sich wegen des Widerstandes der Staaten des Hanseatischen Clubs (Balten,

Skandinavier und die Niederlande) sowie Deutschlands nicht ansatzweise umsetzen.

EU und Eurozone können es sich nicht leisten, weiter auf ihre Lieblingsstrategie zu setzen: das Sich-Durchwurschteln („muddling through"). Die zunehmende Unzufriedenheit zeigt sich im Anstieg des Rechtspopulismus in vielen Mitgliedstaaten. Die Zeit für die beschriebenen Reformen drängt. Die Dringlichkeit wird zurzeit in Italien besonders deutlich, wo die Frustration über die EU zu einem Zustimmungswert von nur noch 36 Prozent geführt hat. Nach Jahren der wirtschaftlichen Stagnation mit hoher Arbeitslosigkeit, für welche die europäische Wirtschaftspolitik mit den hohen Sparauflagen wesentlich mit verantwortlich ist, und nach der mangelnden EU-Unterstützung in der Flüchtlingsfrage darf beim europäischen Wiederaufbauprogramm nach der Pandemie nicht eine weitere bittere Enttäuschung hinzukommen. Auch Spanien und Frankreich erwarten europäische Solidarität in Form von Transfers und nicht wieder Kredite, welche die Schuldenlast noch mehr erhöhen. Der antieuropäische Rechtsblock unter dem Italiener Matteo Salvini hofft auf ein weiteres Versagen der EU und ist auf den „Marsch nach Rom" vorbereitet. Es wird deshalb Zeit, endlich zu handeln!

Auf dem Weg zu einer Weltsozialpolitik

Weder nationale Alleingänge noch Wirtschaftswachstum werden uns dauerhaft vor Krisen schützen. Das Recht auf Hilfe im Notfall kann und muss global garantiert werden.

Von Thomas Gebauer

Krisen lassen sich niemals mit demselben Denken lösen, das sie begründet hat. Der global entfesselte Kapitalismus, das wird uns heute im Brennglas der Corona-Krise vor Augen geführt, kann für ein menschenwürdiges Zusammenleben nicht sorgen. Selbst hartgesottene Neoliberale müssen inzwischen einsehen, dass die Gestaltung intakter Gemeinwesen eine gesellschaftliche Aufgabe ist, die nicht allein der unternehmerischen Initiative überlassen werden kann.

Mit Blick auf den prekären Zustand der Welt ist es höchste Zeit für eine radikale Umkehr. Der Klimawandel, die Vernichtung von Lebensgrundlagen durch Krieg und Vertreibung und jetzt eine Pandemie, die sich in Windeseile über den Globus ausbreiten konnte und deren Folgen noch gar nicht absehbar sind – all das steht im Zusammenhang einer Politik, die dem ökonomischen Kalkül Vorrang vor den Rechten der Menschen eingeräumt hat.

Die Herausforderungen der Gegenwart sind groß; sie nun anzugehen ist überfällig. Es geht um nichts Geringeres als die Neuausrichtung menschlicher Lebenswelten am Grundsatz einer bewahrenden Sorge, sowohl füreinander als auch für die Umwelt. Es geht um die Schaffung weltgesellschaftlicher Verhältnisse, in denen die verbürgten Freiheits-

rechte einen von Solidarität und Selbstverwaltung bestimmten gesell-
schaftspolitischen Rahmen bekommen.

FATALE STRATEGIEN

Alle gegenwärtigen Lösungsbemühungen leiden unter einem bemer-
kenswerten Paradox. Missstände einer längst von gegenseitigen Abhängigkeiten bestimmten Welt sollen in einem von nationalen Interes-
sen dominierten politischen Gefüge bekämpft werden. Zwar verlangt
Artikel 28 der Allgemeinen Erklärung der Menschenrechte eine „soziale und internationale Ordnung", in der die Menschenrechte für alle
verwirklicht sind. Doch werden heute selbst noch die Ansätze jenes
Multilateralismus unterminiert, der als Antwort auf die Verheerungen
der Kriege des 20. Jahrhunderts entstanden war. Statt auf globale Lösungen zu drängen, suchen mehr und mehr Länder ihr Heil in Allein-
gängen. Milliardenschwere Rettungsschirme im Nationalen, beschei-
denes Engagement im Globalen. Wohlwollend betrachtet geht es um
den Schutz der jeweils eigenen Bevölkerung. Schaut man genauer hin,
zeigt sich jedoch auch dort nur der Kampf um Privilegien. Wie anders
ist der Drang zu verstehen, möglichst rasch zu einer Normalität zurückzukehren, die Wohlstand nur auf Kosten anderer und der weiteren Zerstörung der Umwelt schaffen kann?

Man könne in Krisenzeiten die eigene Wirtschaft nicht noch zusätzlich belasten, befand die Bundesregierung, als sie kürzlich ein Gesetz
stoppte, das transnationale Unternehmen auf die weltweite Einhaltung der Menschenrechte verpflichten wollte. Auf der anderen Seite wittern Gewerkschafter Verrat an der Arbeiterklasse, weil es keine
Kaufprämien für klimaschädliche Autos geben soll. Die Menschenrechte, der Klimaschutz – Belastungen, Verrat? Deutlicher kann das Elend
einer Normalität, in der zwar oft von globaler Verantwortung die Rede
ist, aber letztlich nur das Eigene zählt, nicht zum Ausdruck kommen.

Bei der Suche nach einem Ausweg steht die 2015 von den Staats-
und Regierungschefs vereinbarte UN-Agenda 2030 mit ihren nachhaltigen Entwicklungszielen (Sustainable Development Goals, SDGs)
hoch im Kurs. Deren Idee, sozialen Fortschritt umfassend und global
zu denken, ist fraglos der richtige Ansatz. Dennoch werden die Ziele

scheitern. Nicht, weil sie zu ambitioniert wären, sondern aufgrund der Ausführungsbestimmungen, des Kleingedruckten der Agenda. Denn nicht über eine gerechte Verteilung der vorhandenen Ressourcen sollen die Ziele verwirklicht werden, sondern durch ein von den Staaten jeweils selbst zu forcierendes Wirtschaftswachstum.

Gerade die Länder im Süden werden das nur schaffen, wenn sie sich noch weiter ausländischem Kapital öffnen und noch mehr auf einen Raubbau an den natürlichen Ressourcen setzen. Es ist absurd, ausgerechnet über die Intensivierung einer Produktionsweise, die längst an ihre planetarischen Grenzen geraten ist, die sozialökologische Verwüstung der Welt aufhalten zu wollen. Die Zeit für solche Lösungsstrategien ist vorbei. Ohne die gerechte Nutzung des bestehenden Reichtums, ohne Umverteilung wird das globale Krisengeschehen nicht zu lösen sein.

Rettung aber ist möglich, sie scheitert nicht wegen eines Mangels an notwendigen Ressourcen. Die Welt schwimmt förmlich in Geld. Aufgrund der verfehlten Finanz und Steuerpolitik der zurückliegenden Jahrzehnte ist es nur nicht dort, wo es gebraucht wird. Den klammen öffentlichen Kassen stehen heute gigantische Kapitalvermögen gegenüber, deren Verwalter mitunter händeringend nach Anlageoptionen suchen. Gefunden haben sie diese zuletzt auch im Gesundheitswesen – mit den prekären Folgen, die in der Corona-Krise deutlich wurden. Die Welt nach Corona verlangt einen anderen Ansatz. Gefordert ist eine Politik, die sich am Ziel sozialer Gerechtigkeit messen lässt. Eine Weltsozialpolitik, die von den beiden Säulen Solidarität und Selbstverwaltung getragen wird.

SOLIDARITÄT

Die Krise hat vielen die Augen geöffnet. Was lange als utopisch galt, scheint heute möglich. Landauf, landab der Appell zur Solidarität, Pflegekräfte erfahren Wertschätzung, Bürgerinitiativen kümmern sich um hilfsbedürftige Menschen in der Nachbarschaft, selbst staatliche Interventionen, die auf sozialen Ausgleich zielen, sind nicht länger verpönt. Die Solidarität, die sich hier zeigt, ist wichtig. Sie ist ein grundlegender Aspekt funktionierender Gesellschaftlichkeit, bleibt aber so lange ungenügend, wie Gesellschaftlichkeit nur im nationalen Rahmen gedacht wird. Eine Solidarität nur unter Gleichen, die sich schon schwer mit dem Schutz der zu uns Geflüchteten tut und nicht einmal im regionalen Kontext die Vergesellschaftung von Schulden für möglich hält, ist in einer global zusammengerückten Welt eher Teil des Problems als der Lösung.

Die Welt nach Corona steht am Scheideweg. Sie wird entweder weiter zerfallen, oder sie wird lernen, Solidarität als eine von allen gemeinsam zu tragende Verpflichtung zu verstehen, für die weltweite Verwirklichung der Menschenrechte zu sorgen. Grundlegend dafür ist das Prinzip von Solidargemeinschaften, in denen jede/r für jede/n haftet und selbst Mittellose, die keinen Cent aufbringen, zu ihrem Recht kommen. Dieses Solidarprinzip ins Globale auszuweiten, dafür wird künftige Weltsozialpolitik zu sorgen haben.

Bekanntlich sind die Menschenrechte wenig wert, wenn sich nicht materiell unterfüttert sind. Funktionierende Daseinsvorsorge verlangt eine soziale Infrastruktur, die durch öffentliche Institutionen in Gang gehalten wird. Wie solche Institutionen im Globalen aussehen können, ist längst bekannt. Zu ihren gehört die völkerrechtliche Festlegung von Arbeits- und Sozialstandards, heute erweitert um ein Abkommen, das global agierende Unternehmen zur Einhaltung der Menschenrechte verpflichtet. Unbedingt bedarf es eines internationalen Vertrages, der die Entwicklung essenzieller Arzneimittel, wie etwa eines Impfstoffs gegen Corona, zu einem globalen öffentlichen Gut macht. Dabei ließe sich auf die Arbeit einer WHO-Expertengruppe zurückgreifen, die schon 2012 ein Abkommen vorschlug, das alle Länder dazu verpflichtet, gemäß ihrer Wirtschaftskraft zu einem Fonds beizutragen, aus dem die Erforschung lebenswichtiger Arzneimittel finanziert werden kann. Von einem New Deal in der globalen Gesundheit sprachen die WHO-Experten damals. Nun ist die Zeit gekommen, ihn zu verwirklichen.

Auch die Gewährleistung einer globalen sozialen Sicherung muss keine Utopie mehr sein. Die existenzbedrohenden Folgen des Lockdown in den Ländern des Südens zeigen, wie notwendig ein grenzüberschreitender Ausgleich ist, der allen die Gewissheit gibt, im Bedarfsfalle nicht alleine gelassen zu bleiben. Längst wäre die Einführung eines universellen Grundeinkommens möglich; ebenso einer globalen Bürgerversicherung, die, über einen weltweiten Länderfinanzausgleich geregelt, allen Menschen den Zugang zu einer angemessenen Gesundheitsversorgung garantiert. Es sind weder organisatorische noch finanzielle Hürden, die einer solchen Weltsozialpolitik heute im Wege stehen, sondern es ist die irrige Annahme, man könne die eigene Freiheit, den eigenen Wohlstand dauerhaft nur auf Kosten anderer sichern.

SELBSTVERWALTUNG

Nicht zuletzt Pandemien lehren, dass Gefahren nicht vor dem Eigenen halt machen. Der Ausnahmezustand, der für weite Teile der Weltbevölkerung schon lange existiert, wird immer stärker auch hierzulande spürbar. Autoritäre Machthaber nutzen die Krisen für repressive Schübe, und noch ist unklar, ob nicht auch hierzulande die Freiheitsrechte über die akute Gefahrenlage hinaus eingeschränkt bleiben.

Gerade in Krisenzeiten gilt es dafür zu streiten, dass Gesellschaft als Gemeinschaft freier Menschen verstanden wird. Sozialstaatliche Fürsorge, auch das lehrt die Erfahrung, kann gute wie schlechte Motive haben. Sie kann die Entfaltung eines freien Lebens fördern, sie kann aber auch für repressive Zwecke missbraucht werden – dann etwa, wenn sie den Zugang zu sozialer Sicherung an politisches Wohlverhalten knüpft. Um den Rückfall in eine autoritäre Wohlfahrtsstaatlichkeit zu verhindern, bedarf es deshalb neben der solidarischen Umverteilung von Ressourcen auch der Umverteilung von Entscheidungsmacht. Von Norden nach Süden, von der zentralen auf die lokale Ebene, von bürokratischen Apparaten zu demokratisch verfassten Selbstverwaltungen. Auch dafür gibt es längst richtungsweisende Beispiele: Die kommunalen Bürgerhaushalte in brasilianischen Großstädten, genossenschaftlich organisierte Sozialversicherungen, die freie Wohlfahrtspflege, die zwar gesetzlichen Regelungen unterliegt, aber ihrerseits darüber wacht, dass öffentliche Sozialpolitik ihren Verpflichtungen nachkommt.

Und so nimmt die kommende Weltsozialpolitik Gestalt an. Globale Institutionen sorgen für länderübergreifende Regulierung und die Bereitstellung von Ressourcen, über deren Verwendung in demokratisch verfassten Selbstverwaltungen entschieden wird. Die Chance, die sich mit einer menschenwürdigen Gestaltung der Globalisierung heute bietet, ist die Überwindung jenes nationalstaatlichen Rahmens von Gesellschaftlichkeit, der sich auf Abgrenzung und damit latent immer auch auf Feindseligkeiten gründet.

Die Schaffung weltbürgerlicher Verhältnisse aber bedeutet keineswegs den Eintritt in eine paradiesische Idylle. Die Zukunft der globalisierten Welt wird keine homogene, sondern eine höchst heterogene sein. Gefordert ist eine kosmopolitische Solidarität, die sich auch auf die richtet, die uns fremd sind und womöglich ganz andere Lebensstile pflegen als wir selbst. Das Ziel einer weltweit gewordenen Welt ist nicht die disziplinierende Vereinheitlichung allen Lebens, sondern die Anerkennung der Anderen in ihrer Andersheit und damit die Begegnung freier Menschen auf gemeinsamem Grund.

Helfen können, helfen wollen

Im Schatten der Pandemie geraten bestehende Notlagen aus dem Blick – und es kommen weitere Krisen hinzu. Das erschwert die Arbeit von Hilfsorganisationen zusätzlich. Das müsste nicht sein, denn Ideen und Geld gäbe es genug.

Von Ole Hengelbrock

Die Corona-Krise hat nicht nur viele Bereiche des Lebens durcheinandergewirbelt, auch der weitere Verlauf der Pandemie hängt von vielen unbekannten Faktoren ab. Zugleich bleiben bekannte Missstände bestehen: Während auf der einen Seite das Geld für die Abmilderung humanitärer Notlagen fehlt, boomt auf der anderen der Verkauf deutscher Rüstungsgüter. Und während wir derzeit klarer denn je sehen, was bei entsprechendem politischem Willen an Einlenken und Veränderung möglich ist, so sehen wir andererseits auch, wie tödlich Prioritätensetzung mitunter sein kann.

Überlegungen humanitärer Hilfe, die gestern noch gültig waren, sind unter gegenwärtigen Bedingungen nichtig. Geplante Hilfsprojekte laufen ins Leere. Bereits begonnene Einsätze müssen umorganisiert oder gestoppt werden. Die Gefahren des Corona-Virus drängen den originären Hilfsgrund in den Hintergrund. Michael Ryan, Exekutivdirektor des „Health Emergency Progamme" der Weltgesundheitsorganisation (WHO), fordert daher ein entschiedenes und kompromissloses Vorgehen: „Sie müssen schnell sein, nichts bereuen. Sie müssen der Erste sein. Denn das Virus wird schon da sein, wenn Sie nicht schnell handeln…". Rasantes Handeln erscheint als Imperativ der Stunde. Die Pandemie erzwingt unter großem Zeitdruck neue Prioritätensetzungen – ein Dilemma für humanitäre Akteure. Erst recht jedoch für jene Menschen, die nun keine Hilfe erhalten.

189

Die notwendige Fokussierung auf Corona hat bittere Folgen. Bestehende Notlagen und Krisen verschwinden fast vollständig vom Radar. Schon zu Beginn der Corona-Krise waren mehr als 100 Millionen Menschen auf Humanitäre Hilfe angewiesen. Knapp 80 Millionen Vertriebene sind weltweit auf der Flucht. Der Hunger – jahrelang erkennbar eingedämmt – plagt wieder mehr Menschen. Mehr als zwei Milliarden Menschen haben keinen Zugang zu sauberem Trinkwasser. Dürren und Überschwemmungen treten durch den Klimawandel häufiger und heftiger auf. Anstatt die Menschen auf Naturkatastrophen vorzubereiten, müssen 80 Prozent der finanziellen Ressourcen aufgebracht werden, um das Leid zu mindern, das durch Kriege und Konflikte entsteht. Immer wieder abwägen und Schwerpunkte neu setzen müssen, damit sind Hilfsorganisationen seit jeher konfrontiert. Das Problem ist: Jede Entscheidung bringt immer neue Verlierer mit sich.

So könnten beispielsweise fast 120 Millionen Kinder aufgrund der Corona-Maßnahmen nicht gegen Masern geimpft werden. Allein im vergangenen Jahr starben daran in der Demokratischen Republik Kongo bis zu 6.000 Kinder. Für Menschen vor Ort sind Interventionen gegen ein einzelnes Virus schwer zu legitimieren, während zugleich Menschen an unbehandelten Krankheiten wie Masern, Meningitis, Polio oder Diarrhoe sterben. Bereits zu Beginn des Jahres wurden weltweit bis zu vier Millionen Todesfälle durch HIV, Malaria, Tuberkulose, Hepatitis und vernachlässigte Tropenkrankheiten befürchtet. Vor Ort stellt sich also immer die Frage der Relevanz. Weil diese aber während des Ebola-Ausbruchs 2018 teilweise nicht zu erkennen war, herrschte großer Unmut in der kongolesischen Bevölkerung, der sich letztlich in gewalttätigen Angriffen gegen Helferinnen und Helfer internationaler Hilfsorganisationen entlud. Dass Corona bisher die Priorität der westlichen Welt ist, zeigt sich auch am Geld: So kann eine EU-Geberkonferenz kurzerhand mindestens 7.5 Milliarden Euro für den Corona-Impfstoff sammeln.

Nun ist Leid nicht aufzuwiegen, denn „alle Tränen sind salzig", wie der Arzt und Pädagoge Janusz Korczak sagte. Aber es ist zu befürchten, dass die negativen Folgen der verordneten Maßnahmen am Ende mehr Leid produzieren als das Virus selbst. Primär davon betroffen sind Milliarden von Menschen, die im informellen Sektor arbeiten. Die

Hälfte der weltweit Erwerbstätigen arbeitet zum Tagelohn, in Indien ganze 90 Prozent. Verträge, Versicherungen und Rücklagen gibt es ebenso wenig wie staatliche finanzielle Hilfspakete. Von der Hand in den Mund leben somit auch die ungezählten Familienangehörigen. In Deutschland und anderen europäischen Staaten waren Geschäfte mehrere Wochen lang geschlossen. Modeketten kündigten den Textilzulieferern die Verträge, um ihre finanziellen Schäden in Grenzen zu halten. Die Textilproduktion ist die Schlüsselindustrie von Bangladesch. Das Auskommen vieler Menschen reicht ohnehin gerade mal zum Überleben. Nun könnte die globale Armut das erste Mal seit 1990 wieder ansteigen. Die berüchtigten 1,90 US-Dollar pro Tag, die sonst die untere Armutsgrenze markieren und zugleich Ausdruck harter Realität sind, könnten zeitweise zur unerreichbaren Ressource werden.

Die Welt wird vor allem dort ärmer, wo die Menschen finanziell ohnehin schon viel zu schlecht dastehen. Entwicklungsminister Gerd Müller (CSU) warnte jüngst vor einer „Hunger-Pandemie". So wurden während der Ebola-Epidemie 2014 in Sierra Leone, Guinea und Liberia durch die Auswirkungen der Maßnahmen rund 40 Prozent des Ackerlandes nicht bestellt. Das traf zunächst die Kleinbauern, dann stiegen die Lebensmittelpreise auf dem Markt.

Ähnliches könnte sich jetzt in globalen Maßstäben wiederholen: Das konkrete Problem des Hungers wird nach Hause getragen. In Ostafrika vertilgen Heuschreckenschwärme zudem die Ernte noch kommender Monate und das Futter für Vieh, oftmals Hauptlebensgrundlage der Menschen. Mangel- beziehungsweise unterernährte Kinder sind Risikogruppen für alle möglichen Infektionskrankheiten. Für diese Fälle wird es allerdings keine Statistiken geben. Und wenn doch, wer nimmt sie wahr? Alles, was derzeit zur Eindämmung des Virus unternommen wird, korreliert auch mit anderen Themen wie Ernährungssicherheit, daher müssen die Fragen der Relevanz und der jeweilige Kontext dringend in alle Planungen und Richtlinien zur Corona-Bekämpfung einfließen.

Demgegenüber klafft die Finanzierungslücke humanitärer Hilfe beständig auseinander. Im Jahr 2017 fehlten 9,2 Milliarden US-Dollar zur Deckung der weltweit ermittelten humanitären Bedarfe, die insgesamt mit 23,6 Milliarden US-Dollar veranschlagt wurden. Im Jahr

2019 stieg der Bedarf auf 29,7 Milliarden US-Dollar und die Lücke erweiterte sich auf 13,7 Milliarden US-Dollar. Die größten finanzgebenden Staaten haben die ODA Mittel im Verhältnis zu ihrem Bruttonationaleinkommen (BNE) bereits gekürzt. Nun stehen sie vor einer neuen Schuldenlast, müssen sie doch die gesundheitlichen und wirtschaftlichen Folgen der Corona-Pandemie im eigenen Land bewältigen. Laut Bundeskanzlerin Angela Merkel und UN-Generalsekretär Antonio Guterres steht die Menschheit aktuell vor ihrer größten Herausforderung seit dem Zweiten Weltkrieg.

Immer wieder wird unterstrichen, dass Corona-Hilfsgelder anderen Krisenhilfsprogrammen nicht die Mittel abgraben dürfen. Kein Thema soll einem anderen geopfert werden. Aber genau das geschieht implizit. Nach der Pandemie werden Regierungen gefragt werden, was sie geleistet haben. Die Antwort entscheidet über nationalen und internationalen Geltungsanspruch. In Krisenzeiten werden Positionen geschaffen.

Eine schon jetzt sichtbare Lehre der Pandemie lautet: Zum Handeln braucht es nicht nur die Erkenntnis, dass dieses Handeln dringlich und notwendig ist, sondern es braucht auch eigene Betroffenheit. Dies bewahrheitete sich schon während des Ebola-Ausbruchs 2014 in Westafrika. Obwohl die Situation bereits im Mai außer Kontrolle geriet durch die positiven Fälle in urbanen Ballungsräumen, lief die internationale Hilfe erst großflächig im September an, nachdem eine Person aus Liberia in die USA reiste und dort erkrankte. Monatelang gab es dann kein anderes Thema mehr. Ungleichheiten in der Verteilung der Finanzmittel und des politischen beziehungsweise medialen Bewusstseins gehören zur Realität der humanitären Hilfe.

HILFSPROJEKTE MÜSSEN VOR ORT KONZIPIERT UND VERANTWORTET SEIN

Im schlimmsten Fall bedeutet die Entscheidung, wem wo geholfen wird, dass woanders nicht geholfen werden kann. Daraus entstehen „Vergessene Krisen". Dieses scheinbar nie enden wollende Dilemma ist mit Albert Camus gesprochen eine nicht enden wollende Niederlage. Und auch hier ist Kontext der Schlüsselbegriff: Maßnahmen dürfen nicht universell verstanden und kategorisch übertragen werden. Was hier funktioniert, ist woanders utopisch. Rund 1,2 Milliarden Menschen – etwa 15 Prozent der Weltbevölkerung und damit knapp jeder sechste Mensch – leben in sogenannten informellen dichtbesiedelten Siedlungen. In Dharavi, Mumbais größtem Slum, leben mindestens 700.000 Menschen auf zweieinhalb Quadratkilometern. Die Forderung nach Handhygiene wird hier zur Plattitüde. Doch Menschen müssen in der Lage sein, tun zu können, was sie tun sollen. Am besten, bevor es zur Katastrophe kommt. Das ist der Imperativ dieser Pandemie!

Unter diesem Gesichtspunkt hat sich humanitäre Hilfe mit regionalen, länderspezifischen und örtlichen Vorgaben zu arrangieren. Das heißt aber auch, Corona-Maßnahmen müssen stärker vor Ort konzipiert und verantwortet sein. Entscheidungsgrundlagen aus der Hand zu geben, mag naiv für uns klingen, aber es gibt Akteure, die besser wissen, welche Unterstützung vor Ort gebraucht wird, wem sie zugutekommen und wie die Hilfe aussehen soll. Oftmals bestehen bereits Nachbarschaftshilfen und eigene Hilfsinitiativen. Eine neue „Ethik des Zuhörens" muss von einem „Recht des Protests" begleitet sein, welches Menschen erlaubt, Hilfsprojekte ablehnen zu können, ohne Nachteile befürchten zu müssen.

Zugleich dürfen unsere Planungsprozesse und Umsetzungen nicht starr verlaufen aufgrund einmalig ermittelter Bedarfe durch Fragebögen und anhand zweckgebundener Mittel. Die Situation ist dynamisch. Hilfsprojekte können organisch erwachsen. Das verlangt mehr Flexibilität in allen Phasen. Wir müssen uns ständig fragen, wie unsere Annahmen entstanden sind. Und ja, revidieren, korrigieren und emanzipieren. Das ist nur durch Vertrauen möglich. Partnerschaften zwischen lokalen Strukturen und internationalen Akteuren müssen schon vor möglichen Krisen erstarken. Humanitäre Hilfe ist in erster Linie soziale Interaktion. So wäre uns auch der Gedanke präsenter, dass die größte Gefahr in Zeiten der Corona-Krise nicht nur vom Virus selbst ausgeht, sondern in den vielerorts nicht vorhandenen medizinischen Infrastrukturen oder der schwachen sozialen Absicherung liegt. Erst dadurch wird die Verbreitung eines Virus zur Katastrophe. In Krisenzeiten werden Ungleichheiten schonungslos offengelegt. Und sie werden aller Voraussicht nach auch danach fortbestehen.

CORONA ZEIGT, WAS BEI ENTSPRECHENDEM POLITISCHEM WILLEN MÖGLICH IST

Das ethische Dilemma, zu entscheiden, wer Hilfe bekommt und wer nicht, ist nicht nur ein Anzeichen für Versäumnisse, es ist in Anbetracht der vorhandenen finanziellen Möglichkeiten auch unnötig: Im Jahr 2019 wurden weltweit 1.917 Billionen US-Dollar für Rüstungsgüter ausgegeben. Das entspricht einer Summe von durchschnittlich 218 Millionen US-Dollar pro Stunde! Auch der deutsche Rüstungsetat wächst weiterhin, für den systematischen Ausbau der Bundeswehr ist eine dreistellige Milliardensumme im Gespräch. Und auch Deutschlands Rüstungsexporte boomen und erreichen für 2019 mit über acht Milliarden Euro ein neues Rekordniveau, obgleich die Bundesregierung ihre Rüstungsexportpolitik als „restriktiv" interpretiert. Abgesehen davon, was man mit diesem Geld nicht alles tun könnte, zeigt sich hier doch, dass wir hinsichtlich der Prioritätensetzung die „Entwicklungsländer" sind.

Immer wieder kommt die Frage auf, was nach Corona anders sein könnte. Und immer wieder muss betont werden, es darf kein „nach Corona" geben. Die Pandemie soll für immer Referenz dafür bleiben, was bei entsprechendem politischem Willen möglich ist. Und dass sich morgen die Welt nicht das gleiche Maß an Ungleichheit leistet wie heute. Denn die nicht enden wollenden Niederlagen werden nicht enden, solange wir selbst nicht deren Ende wollen.

Aus der Krise in die Freiheit

Nicht zum ersten Mal bietet sich die Chance, das globale Zusammenleben der Menschen neu und friedlich zu gestalten. Wie können wir sie diesmal nutzen?

Von Gert Weisskirchen

Zum vierten Mal findet in unserem Jahrtausend ein Ereignis statt, das Chancen für ein neues Handeln eröffnet: 2001 die selbstmörderischen Angriffe von islamistischen Terroristen auf New York und Washington, 2008 der Zusammenbruch der Finanzarchitektur, 2015 die Suche von Geflüchteten nach Sicherheit in Europa – und nun erleben wir die Pandemie von Covid-19. Alle vier Ereignisse verweisen auf Konflikte, die mit Prozessen der Globalisierung zusammenhängen. 2001 zielten die Überfälle darauf ab, die Vormacht des Westens instabil zu machen; 2008 brachte die dem Finanzkapital innewohnende Gier nach grenzenlosem Profit Ökonomien beinahe zum Wanken; 2015 verschärften politische Entscheidungen, die der Humanität verpflichtet blieben, radikale Populismen. Schon diese drei voneinander unterschiedenen Ereignisse zeigten Defizite an, die durch unvollendete politische Steuerungsfähigkeiten entstehen.

Zwar gab es 2001 eine überwältigend klare Antwort der Vereinten Nationen, und mit ihr startete eine Serie von vorwiegend militärischen Interventionen, die begleitet waren von zivil orientierten Maßnahmen. 19 Jahre danach ist die Bilanz ernüchternd gemischt. Insoweit, als die Radikalität des politischen Islamismus sich aus der Kritik an Erscheinungsformen des westlichen Modernismus speist, ist die Gefahr längst nicht erloschen. Eher scheint der Westen nun schwächer als zuvor.

2008 musste alle politische Kraft aufgeboten werden, damit eine ökonomische Katastrophe abgewendet werden konnte. Mit weltweit aufeinander abgestimmten Geldpolitiken und finanzpolitischen Anreizen wurden die nationalen Ökonomien aus dem Strudel herausgerissen, der sie in den Untergang gezogen hätte. Barack Obama machte die G20 zu einem globalen Akteur. Alle weltweit bedeutsamen Institutionen verständigten sich auf gemeinsame, nationalstaatlich durchsetzbare Ziele. Heute scheint es fast, als hätte neoliberales Denken viele Einsichten wieder verdrängt. Eine vollständige Rückkehr in diese Ideologie eines ungehinderten Kapitalismus würde in neue Katastrophen führen.

2015 mussten Hunderttausende vor Kriegen flüchten, die zumeist in unmittelbarer Nähe Europas Menschen aus ihrer Heimat vertrieben haben. Weil Europäer sich scheuen, die Kriegsursachen einzudämmen, oder sich nicht hinreichend darum bemühen, sie zu beseitigen, werden immer noch Hunderttausende vertrieben. Seither haben sich politische Konflikte innerhalb der Europäischen Union zugespitzt. Die europäische Friedensordnung ist von innen vom Geschwür des Populismus befallen.

Wird 2020 alles anders? Gelingt es uns, dieses Mal radikal andere Schlüsse aus der gegenwärtigen Krise zu ziehen als 2001, 2008 und 2015? Werden wir uns herausarbeiten können aus den Fallen, die uns ideologisch gestellt werden? In den ersten drei Krisen dieses Jahrhunderts war „Weiter so" die dominante Antwort. Alternativen wurden kurz bedacht, manchmal beachtet, jedoch nicht immer nachhaltig verfolgt. Dieses Mal könnte es anders werden. Das Virus könnte dabei helfen. Weil es bekämpft werden kann als Feind, der die Menschheit bedroht. Und weil es besser mit vereinten Kräften bekämpft werden kann. Überzeugen kann nicht „Rette sich, wer kann", sondern: „Solidarisches Zusammenhandeln rettet Einzelne und uns gemeinsam."

WIE KANN DIE ZEIT NACH CORONA AUSSEHEN?

Vier Szenarien können unterschieden werden: (1) Dystopie; (2) Pessimismus; (3) Optimismus; (4) Utopie. Real können alle vier werden. Die Szenarien (1) und (2) führen die Menschheit in tiefe Konflikte. Mit den Szenarien (3) und (4) gewinnen wir an Humanität und werden uns unserer globalen Verantwortung bewusst. Selten ist die Chance für eine mögliche andere Zukunft so offen wie in diesem historischen Augenblick. Wir könnten sie nutzen.

Wenngleich historische Analogien allenfalls helfen können, dramatische Fehler in aktuell zu bewältigenden Krisen zu vermeiden, vermag ein Blick zurück in das vergangene Jahrhundert uns in den Stand versetzen zu verstehen, in welchem Moment des Geschehens wir in der Jetztzeit uns befinden und vor welcher Wegscheide wir stehen. Die „Urkatastrophe" des Ersten Weltkriegs mündete in die Pandemie der „Spanischen Grippe". Nach dem siebenjährigen Zwischenspiel der „roaring twenties", dem „Tanz auf dem Vulkan", stürzte Deutschland ab in die Nazi-Barbarei und riss mit ungeheurer Gewalt Europa und die Welt in den Zweiten Weltkrieg. Heute mag erkannt werden, in welchen Momenten beherztes politisches und zivilgesellschaftliches Eingreifen dem Gang des Geschehens eine andere Richtung hätte geben können. Wer eine ähnlich verlaufende Entwicklung künftig vermeiden will, sollte zu einer offenen Debatte über real mögliche Handlungsoptionen aufrufen. Welche angemessenen Schlüsse für die Gestaltung der notwendigen Reformprozesse nach der Pandemie zu ziehen sind, muss Kern der gesellschaftlichen Auseinandersetzung werden.

Leitende Ideen sind dabei, den Erkenntnisstand von Natur- und Sozialwissenschaften, von Medizin und Politikwissenschaften kritisch zu prüfen, sie in einem „großen Gespräch" öffentlich zu befragen und die erwartbaren Ergebnisse zu bündeln. Die Leidenschaft zur Vernunft, die Suche nach rationalen Lösungen und die Verknüpfung von lokaler und globaler Verantwortung werden die Versuchung verhindern, die Krise zu rückwärtsorientierter Autokratie zu missbrauchen.

Das Primat der Politik ist, besonders in Krisenzeiten, stärker als zuvor durch eine wachsende Beteiligung einer wachen Bürgerschaft demokratisch zu begleiten. Allein der demokratische und soziale Rechtsstaat vermag es, existenziellen Krisen angemessen zu begegnen. Demokratien, die auf einer aktiven Zivilgesellschaft aufruhen, sind gemessen an anderen Regierungsformen besser fähig, Lernprozesse offen und öffentlich zu machen. Vertrauen ist das Herz der Demokratie. Kritik und Widerspruch stiften das Denken in Alternativen an, soweit sie Rücksicht nehmen auf die Grundwerte humanen Zusammenlebens. Regression mauert das Denken ein, Progression öffnet das Denken.

1.DYSTOPIE

Gelingt es den staatlichen Institutionen nicht, gestützt auf eine mithandelnde Zivilgesellschaft die Pandemie einzudämmen, dann werden unkontrollierbar sich ausagierende Krisensymptome in allen gesellschaftlichen Segmenten Gefahren heraufbeschwören, die zu einem Kollaps der bisherigen Ordnungen führen können – beginnend in der Wirtschaft und danach in Wellen auf Politik und Gesellschaft ausgreifend. Daraufhin kann eine Implosion der lokalen wie globalen konstruktiven Kooperationsfähigkeiten erfolgen. Sie könnte eine weltweite Flucht in nationalistische Abschottungen auslösen. Internationale Ordnungsregeln brächen zusammen. Die Europäische Union geriete in existenzielle Not. Regionale Kriege drohten sich auszuweiten.

2.PESSIMISMUS

Nach dem Abklingen der Pandemie droht ein „Weiter so", weil, so wird es ideologisch verbrämt werden, verloren gegangene Produktion und Konsumtion bruchlos rasch wieder aufgeholt werden müsse. Im rasch einsetzenden Wettbewerbsdruck könne sich nach der Krise nur der behaupten, der schnellstmöglich und unvermittelt anknüpfen werde an den Verfahrens- und Verhaltensweisen, die vor der Krise geherrscht hätten. Die in der Krise auferlegten Regeln müssten beseitigt und die Wirtschaft müsse weitestgehend dereguliert werden. Die Kluft, die bereits vor der Krise sich zwischen den gesellschaftlichen Verlierern und Gewinnern aufgetan hatte, würde sich nach der Krise vertiefen. Die Gewinner würden die Verlierer brandmarken, die Kosten der Krise verursacht zu haben.

3. OPTIMISMUS

Global vernetzte Gemeinschaften haben mit ihrem wissenschaftlichen Expertenwissen dazu beigetragen, die Angriffe des Coronavirus abzuwehren. In einer internationalen Anstrengung ist ein wirksamer Impfstoff entwickelt worden. Begleitet von neuen medizinischen Therapien, die im transnationalen Austausch entstanden sind, konnte die endemische Bedrohung, die von Covid-19 ausging, gebannt werden.

Dieses erfolgreiche Modell des multilateralen Zusammenhandelns, unterstützt von der internationalen Staatengemeinschaft, hat zum Nachdenken darüber geführt, wie künftig die Vereinten Nationen gestärkt werden können. Wiederbelebt wurden die Jahrtausend-Ziele, auf die sich die Weltgemeinschaft bereits vor über 20 Jahren verständigt hatte. Die EU kommt stärker als je aus der Krise heraus, weil sie in der Krise überzeugend zwei neue Reformprozesse vorantreiben konnte: Sie hat eine sozialökologische Transformation initiiert und sie bindet ihr künftiges Schicksal an den Grundwert Solidarität.

4. UTOPIE

Die EU initiiert eine „Konferenz für Sicherheit und Zusammenarbeit", zu der Staaten des Nahen Ostens eingeladen werden. Dort sollen, gemeinsam mit den USA, Kanada, Großbritannien und der Russischen Föderation, Kooperationsbeziehungen erarbeitet werden mit dem Ziel, sich auf verbindliche Regeln für die Entwicklung einer neuen Friedensordnung in dieser Region zu verständigen. Die EU wandelt sich zu den „Vereinigten Staaten von Europa". Ihr innerer Kern ist der transnationale Ausbau sozialstaatlicher Systeme, die Vertiefung der demokratischen Beteiligung, die Beschleunigung der sozialökologischen Transformation und die Stärkung der europäischen Zivilgesellschaft. Im Rahmen der Organisation für wirtschaftliche Zusammenarbeit und Entwicklung (OECD) entstehen Regularien, die die Ökonomien der beteiligten Staaten an flexible Standards binden, damit Güter künftig unter Berücksichtigung global gerechter Kriterien hergestellt, vertrieben und verbraucht werden.

*Die hier vorgestellten Szenarien fußen auf Annahmen, die real mögliche Zukunftsverläufe beschreiben. Es wäre zu wünschen, dass eine Mischung aus den Szenarien (3) und (4) verwirklicht wird. Das wird jedoch nur gelingen, wenn das in den Krisen gewonnene Bewusstsein in tiefgreifende Reformprozesse einmündet. Aus diesem unerhörten historischen Moment kann ein Neubeginn der Bedingungen unseres Zusammenlebens, der „Conditio Humana", entstehen, sie kann neu gestaltet werden. Geht sie einher mit einer „Constitutio libertatis", also dem Zusammenschließen von transnational denkenden Zivilgesellschaften, die sich wechselseitig auf Bedingungen der gleichen Freiheit verpflichten – wie Hannah Arendt es sah –, dann hat die soziale Demokratie eine neue globale Chance.

Autor:innen

Marylyn Addo ist Oberärztin und Leiterin der Sektion Infektiologie am Universitätsklinikum Hamburg-Eppendorf.

Maximilian Becker ist aktiv bei Ende Gelände in Leipzig und Co-Herausgeber des Buches „Anders wachsen!" (oekom-Verlag).

Hans-Jürgen Burchardt ist Professor für Gesellschaftswissenschaften an der Universität Kassel und fördert als Direktor des Maria Sibylla Merian Center for Advanced Latin American Studies den Ideenaustausch mit Lateinamerika.

Klaus Busch war Professor für Europäische Studien an der Universität Osnabrück und europapolitischer Berater der Gewerkschaft Verdi. Im Herbst 2020 erschien sein Buch „Europa in der Zerreißprobe".

Thoralf Cleven ist Autor und Journalist.

Judith Döker war Schauspielerin, bevor sie 2012 für zwei Jahre nach Indien ging. Heute bereist sie als Fotografin zahlreiche Länder und tritt als Vortragsrednerin auf.

Laima Eicke arbeitet am Institut für transformative Nachhaltigkeitsforschung zu globalen Energiewendeprozessen.

Nadja Erb war Redakteurin bei der Frankfurter Rundschau und leitet nun den Newsdesk des Statistischen Bundesamts.

Maria Furtwängler ist Schauspielerin und Mitgründerin der MaLisa-Stiftung, die sich für gesellschaftliche Vielfalt einsetzt.

Thomas Gebauer war bis Januar 2021 Sprecher der Stiftung Medico International. Er arbeitete davor viele Jahre lang als Geschäftsführer der gleichnamigen Hilfs- und Menschenrechtsorganisation.

Meike Gebhard ist Mathematikerin, Umweltökonomin und Geschäftsführerin von Utopia.de, einer Internetplattform für nachhaltigen Konsum.

Susanne Gölitzer ist Schulleiterin und Autorin. Sie hat mit anderen reformpädagogisch denkenden Menschen die IGS Kalbach-Riedberg gegründet.

Annett Gröschner lebt seit 1983 als Schriftstellerin, Journalistin und Dozentin in Berlin.

Sabine Hark ist Professorin für Geschlechterforschung an der TU Berlin und Direktorin des Zentrums für Interdisziplinäre Frauen- und Geschlechterforschung (ZIFG) an der TUB. Sie ist außerdem Initiatorin des Vereins „Wir Machen Das" (www.wirmachendas.jetzt), der sich für eine vielfältige Gesellschaft einsetzt.

Kathrin Hartmann lebt als Journalistin und Buchautorin in München. Mit Werner Boote brachte sie 2018 den Film zu ihrem Buch „Die grüne Lüge" heraus.

Stephan Hebel ist Autor und Journalist. Er arbeitet als Redakteur bei der Frankfurter Rundschau.

Ole Hengelbrock ist Referent für Grundsatzfragen der Hilfsorganisation Caritas international.

Oliver Herwig arbeitet als freier Journalist in München und unterrichtet Designtheorie an der Kunstuniversität Linz. Als Moderator konzipiert er Tagungen und Podiumsgespräche. Seit 2018 leitet er mit Andreas Grosz das KAP Forum.

Christina Hölzel ist Professorin für Mikrobiologie an der Christian-Albrechts-Universität Kiel.

Bernd Hontschik ist Chirurg und Publizist. Den Leserinnen und Lesern der FR ist er unter anderem durch seine Kolumne „Dr. Hontschiks Diagnose" bekannt, die alle 14 Tage samstags erscheint.

Philipp Hübl ist Philosoph. Auf 3sat füllte er sein „Corona-Tagebuch". Zuletzt sind von ihm erschienen „Die aufgeregte Gesellschaft" und „Bullshit-Resistenz".

Nilda Inkermann ist an der Uni Kassel tätig und beschäftigt sich mit sozialökologischer Transformation und Bildung.

Thomas Kaspar ist Chefredakteur der Frankfurter Rundschau.

Georgine Kellermann ist Journalistin beim Westdeutschen Rundfunk.

Claudia Kemfert ist Professorin für Energieökonomie und Nachhaltigkeit. Seit 2004 leitet sie die Abteilung Energie, Verkehr, Umwelt am Deutschen Institut für Wirtschaftsforschung (DIW Berlin).

Vera King ist Professorin für Soziologie und psychoanalytische Sozialpsychologie an der Goethe-Universität und Direktorin des Sigmund-Freud-Instituts in Frankfurt.

Katja Kipping sitzt für die Partei Die Linke im Deutschen Bundestag. Von 2012 bis 2021 hatte sie gemeinsam mit Bernd Riexinger den Parteivorsitz inne.

Maren Kroymann ist Schauspielerin, Kabarettistin und Sängerin.

Jonas Lage forscht am Norbert Elias Center for Transformation Design and Research der Europa-Universität Flensburg zu suffizienzorientierter Stadtentwicklung und Energiesuffizienz.

Karl-Heinz Land ist Redner, Investor und Autor mehrerer Bücher zum Thema Digitalisierung und digitale Transformation.

Monika Langeh arbeitet als Ärztin im Veneketeshwar-Krankenhaus in Neu-Delhi.

Benjamin Luig ist Experte für Agrarpolitik. Er war von 2016 bis 2019 Leiter des Programms Ernährungssouveränität bei der Rosa-Luxemburg-Stiftung.

Stephan Lessenich ist Professor für Soziologie an der Ludwig-Maximilians-Universität München.

Jagoda Marinic ist Autorin. Zuletzt erschien von ihr „SHEROES – neue Held*innen braucht das Land".

Paul Mason ist ein britischer Autor und TV-Journalist. 2019 erschien sein neuestes kapitalismuskritisches Buch „Klare, lichte Zukunft".

Bascha Mika war FR-Chefredakteurin und schreibt nun als Autorin für die FR. Sie ist Honorarprofessorin an der Universität der Künste Berlin.

Olivia Mitscherlich-Schönherr lehrt Philosophische Anthropologie mit Schwerpunkt auf Grenzfragen des Lebens an der Hochschule für Philosophie in München.

Horst Opaschowski ist Historiker und Berater. 2014 gründete er mit seiner Tochter Irina Pilawa das Opaschowski Institut für Zukunftsforschung. Altersrassismus, Altenreservate, Jugendkult: Er formuliert seine Thesen wortgewaltig. Zuletzt warnte er vor einer Spaltung in „junge Leistungsträger und alte Risikogruppen".

Daniela von Pfuhlstein ist Sprecherin der Organisation Gemeinwohl-Ökonomie für Deutschland. Weitere Informationen unter ecgood.org oder gwoe.17plus.org/.

Hedwig Richter ist Professorin für Neuere und Neueste Geschichte an der Universität der Bundeswehr in München.

Hartmut Rosa ist Professor für Soziologie an der Friedrich-Schiller-Universität Jena und Direktor des Max-Weber-Kollegs Erfurt.

Rüdiger Rosenthal war bis 1990 in der Opposition gegen das DDR-Regime aktiv. Später arbeitete er in Umweltverbänden und lebt heute als freier Autor und Journalist in Berlin.

Andreas Streinzer ist Wissenschaftlicher Mitarbeiter des Frankfurter Instituts für Sozialforschung.

Hans-Jürgen Urban ist promovierter Sozialwissenschaftler und als geschäftsführendes Vorstandsmitglied der IG Metall zuständig für Sozialpolitik, Arbeitsgestaltung und Qualifizierungspolitik.

Margrethe Vestager ist EU-Wettbewerbskommissarin und Vizepräsidentin der EU-Kommission.

Paula-Irene Villa Braslavsky ist Professorin am Institut für Soziologie der Ludwig-Maximilians-Universität München.

Anna Wanka ist Dozentin für Soziologie an der Goethe-Universität in Frankfurt.

Ronja Weil ist eine der Sprecherinnen des Bündnisses Ende Gelände.

Gert Weisskirchen saß von 1976 bis 2009 für die SPD im Deutschen Bundestag. Von 1999 bis 2009 war er außenpolitischer Sprecher der Fraktion. Von 2010 bis 2015 lehrte er an der Universität Erfurt.

Bascha Mika, Nadja Erb

Mut. Für einen Feminismus, der allen gut tut

Wie sieht die ideale Gesellschaft aus? Und wie sollten Frauen und Männer in
Zukunft zusammenleben? In diesem Buch wird das Feld weiblicher Emanzipations-
bestrebungen ausgeleuchtet. Es widmet sich Frauen in den unterschiedlichsten
Rollen: als Heldinnen, als Schöpferinnen, Verführerinnen, Dichterinnen oder
Streiterinnen. Denn Frauen können alles sein. Das Buch zur gleichnamigen Serie
in der Frankfurter Rundschau.

Hardcover
320 Seiten
ISBN 978-3-95542-347-6
18,00 Euro

GEFÜHLTE WAHRHEIT?!

„Gerade unter ‚Lügenpresse'-Schreiern grassieren die größten Unwahrheiten über Ausländer, Politik und Medien. Der Sammelband deckt sie auf." (Berliner Zeitung)

Klappenbroschur
176 Seiten
ISBN 978-3-95542-263-9
12,80 Euro